제36회 공인중개사 시험대비 **전면개정판**　동영상강의 www.pmg.co.kr

박문각

박문각 공인중개사

김희상 부동산공법
비교정리 암기노트

김희상 편저

- 2025년 최신 개정공법 완벽반영
- 유사 논점 30선 도표화 정리
- 논점별 출제예상 point로 실전 대비
- 자주 출제되는 옳은 지문으로 마무리 학습

브랜드만족
1위
박문각

근거자료
별면표기

2025

차례 contents

비교정리 암기노트

THEME 01 국토의 계획 및 이용에 관한 법령상 행정청 총정리 ⭐⭐

01 광역계획권의 지정 및 광역도시계획의 수립

광역계획권의 지정	① 지정권자 : 국토교통부장관(둘 이상의 시·도에 걸친 경우) 또는 도지사(같은 도에 속하여 있는 경우)가 지정할 수 있다. ② 지정절차 : 의견청취 + 심의(협의 ❌, 공청회 ❌)
광역도시계획 수립	① 원 칙 　㉠ 광역계획권이 둘 이상 시·도에 걸치는 경우 : 시·도지사가 공동으로 수립하여야 한다. ⇨ 국토교통부장관의 승인 ○ 　㉡ 같은 도의 관할 구역에 속하는 경우 : 시장·군수가 공동으로 수립하여야 한다. ⇨ 도지사의 승인 ○ 　㉢ 국가계획과 관련된 경우와 3년이 지날 때까지 시·도지사로부터 승인신청이 없는 경우 : 국토교통부장관이 수립하여야 한다. 　㉣ 3년이 지날 때까지 시장·군수로부터 승인신청이 없는 경우 : 도지사가 수립하여야 한다. ② 예 외 　㉠ 시·도지사가 요청 : 국토교통부장관 + 시·도지사가 공동으로 수립할 수 있다. 　㉡ 시장 또는 군수가 요청 : 도지사 + 시장·군수가 공동으로 수립할 수 있다.(국토교통부장관의 승인 ❌) 　㉢ 시장 또는 군수가 협의를 거쳐 요청하는 경우 : 도지사가 단독으로 수립할 수 있다.(국토교통부장관의 승인 ❌)

출제 예상 POINT

01. 광역계획권이 둘 이상의 시·도의 관할 구역에 걸쳐 있는 경우에는 관할 시·도지사가 공동으로 광역계획권을 지정하여야 한다. ❌

02. 광역도시계획을 공동으로 수립하는 시·도지사는 그 내용에 관하여 서로 협의가 되지 아니하면 공동이나 단독으로 국토교통부장관에게 조정을 신청할 수 있다. ⭕

03. 시장 또는 군수가 협의를 거쳐 요청하는 경우에는 도지사가 단독으로 광역도시계획을 수립할 수 있다. ⭕

04. 시·도지사가 협의를 거쳐 요청하는 경우에는 국토교통부장관이 단독으로 광역도시계획을 수립할 수 있다. ❌

▶ 광역도시계획 중요 포인트(공청회 생략 ❌, 5년마다 타당성 검토 ❌, 열람기간 ⇨ 30일 이상, 비구속적 행정계획 ⇨ 행정쟁송제기 ❌)

02 도시 · 군기본계획의 수립 및 확정(승인)

수립 및 확정 (승인)	① 수립권자 : 특별시장 · 광역시장 · 특별자치시장 · 특별자치도지사 · 시장 또는 군수(의무) ② 확정 : 특별시장 · 광역시장 · 특별자치시장 · 특별자치도지사(승인 ❎) ③ 승인 : 시장 또는 군수 ⇨ 도지사
재 량	① 수도권에 속하지 아니하고 광역시와 경계를 같이 하지 아니하는 인구 10만 명 이하의 시 · 군 ② 관할 구역 전부에 대하여 광역도시계획이 수립되어 있고 해당 광역도시계획에 도시 · 군기본계획에 포함될 사항이 모두 포함되어 있는 시 · 군

03 도시 · 군관리계획의 입안 및 결정

입안권자	① 원칙 : 특별시장 · 광역시장 · 특별자치시장 · 특별자치도지사 · 시장 또는 군수 ② 예외 : 국토교통부장관(국가계획, 둘 이상 시 · 도에 걸치는 용도지역 등), 도지사(둘 이상의 시 · 군에 걸치는 용도지역 등)
결정권자	① 원칙 : 시 · 도지사 또는 대도시 시장(시장 · 군수가 입안한 지구단위계획구역과 지구단위계획은 시장 · 군수가 결정) ② 예외 : 국토교통부장관(국장이 입안한 도시 · 군관리계획, 개발제한구역, 국가계획 ⇨ 시가화조정구역), 해양수산부장관(수산자원보호구역) ❶ 비교정리 : 도시혁신구역, 복합용도구역 : 공간재구조화계획 결정권자, 입체복합구역 : 도시 · 군관리계획 결정권자

🏠 타당성 검토(재검토) 총정리

국계법	도시 · 군기본계획, 도시 · 군관리계획, 성장관리계획	특별시장 · 광역시장 · 특별자치시장 · 특별자치도지사 · 시장 또는 군수 : 5년
도정법	기본방침	국토교통부장관 : 5년
도정법	정비기본계획	특별시장 · 광역시장 · 특별자치시장 · 특별자치도지사 또는 시장 : 5년
주택법	투기과열지구, 조정대상지역	국토교통부장관 : 반기
주택법	리모델링기본계획	특별시장 · 광역시장 · 대도시 시장 : 5년

⌂ 암기하여야 할 기간 총정리

국계법	도시 · 군관리계획 입안제안	입안을 제안받은 자는 45일 이내에 반영여부를 통보하여야 한다. 1회에 한하여 30일을 연장할 수 있다.
국계법	도시혁신구역	협의 요청을 받은 기관의 장은 10일 이내에 의견을 회신하여야 한다.
국계법	토지소유자의 해제신청	① 입안권자 : 3개월 이내에 입안 여부를 결정하여 토지소유자에게 알려야 한다. ② 결정권자 : 2개월 이내에 결정 여부를 정하여 토지소유자에게 알려야 한다.
국계법	허가 또는 불허가 처분	허가권자는 15일(심의 또는 협의기간은 제외) 이내에 허가 또는 불허가의 처분을 하여야 한다.
도개법	지정제안	제안내용의 수용 여부를 1개월 이내에 제안자에게 통보하여야 한다. 1개월 이내의 범위에서 연장할 수 있다.
도정법	사업시행계획	60일 이내에 인가 여부를 시행자에게 통보하여야 한다.
도정법	관리처분계획	30일 이내에 인가 여부를 통보. 다만, 타당성 검증을 요청하는 경우에는 60일 이내에 통보하여야 한다.
건축법	도지사의 사전승인	사전승인 신청을 받은 도지사는 50일 이내에 시장 · 군수에게 통보하여야 한다.
주택법	사업계획승인	사업계획승인권자는 신청받은 날부터 60일 이내에 사업주체에게 승인 여부를 통보하여야 한다.
주택법	착공신고	사업계획승인권자는 착공신고를 받은 날부터 20일 이내에 신고수리 여부를 신고인에게 통지하여야 한다.

출제 예상 POINT

01. 특별시장 · 광역시장이 수립한 도시 · 군기본계획의 승인은 국토교통부장관이 하고, 시장 · 군수가 수립한 도시 · 군기본계획의 승인은 도지사가 한다. ❌

02. 수도권에 속하지 아니하고 광역시와 경계를 같이 하지 아니하는 인구 8만 명의 시는 도시 · 군기본계획을 수립하지 아니할 수 있다. ⭕

03. 시장 · 군수는 지역여건상 필요하다고 인정되면 인접한 시 또는 군의 시장 · 군수와 협의를 거쳐 그 인접한 관할 구역의 전부 또는 일부를 포함하여 도시 · 군기본계획을 수립할 수 있다. ⭕

04. 국가계획과 관련되거나 둘 이상의 시 · 도에 걸쳐 지정되는 용도지역 · 지구 · 구역을 지정하는 경우에는 국토교통부장관이 도시 · 군관리계획을 입안할 수 있다. ⭕

▶ 도시 · 군기본계획 중요 포인트(공청회 생략 ❌, 5년마다 타당성 검토 ○, 기초조사 ⇨ 토지적성평가 + 재해취약성분석 포함, 연계수립 가능)

▶ 도시 · 군관리계획 중요 포인트(공청회 개최 ❌, 5년마다 타당성 검토 ○, 기초조사 ⇨ 환경성 검토 + 토지적성평가 + 재해취약성분석 포함, 주민의 입안제안)

도시 · 군관리계획의 입안제안과 도시개발구역의 지정제안 ✦✦✦

구 분	도시 · 군관리계획의 입안제안(국토의 계획 및 이용에 관한 법률)	도시개발구역의 지정제안(도시개발법)
제안자	주민(이해관계자 포함) ⇨ 국토교통부장관, 시 · 도지사, 시장 · 군수(입안권자)	국가 · 지방자치단체 · 조합을 제외한 시행자가 될 수 있는 자 ⇨ 특별자치도지사, 시장 · 군수 · 구청장
제안사항 및 동의	① 기반시설의 설치 · 정비 · 개량 : 국 · 공유지를 제외한 토지면적 5분의 4 이상의 동의 ② 지구단위계획구역 지정 · 변경과 지구단위계획 수립 · 변경 : 국 · 공유지를 제외한 면적 3분의 2 이상의 동의 ③ 산업 · 유통개발진흥지구의 지정 · 변경 : 국 · 공유지를 제외한 면적 3분의 2 이상의 동의 ④ 용도지구 중 해당 용도지구에 따른 건축물이나 그 밖의 시설의 용도 · 종류 · 규모 등의 제한을 지구단위계획으로 대체하기 위한 용도지구의 지정 · 변경 : 국 · 공유지를 제외한 면적 3분의 2 이상의 동의 ⑤ 도시 · 군계획시설입체복합구역의 지정 및 변경과 도시 · 군계획시설입체복합구역의 건축제한 · 건폐율 · 용적률 · 높이 등에 관한 사항 : 국 · 공유지를 제외한 면적의 5분의 4 이상의 동의	민간사업시행자 ⇨ 토지면적의 3분의 2 이상에 해당하는 토지소유자(지상권자 포함)의 동의를 받아야 한다.
추가정리	**산업 · 유통개발진흥지구의 지정요건** ① 지정 대상지역의 면적이 1만m² 이상 3만m² 미만일 것 ② 지정 대상지역이 자연녹지지역, 계획관리지역 또는 생산관리지역일 것 ③ 지정 대상지역의 전체 면적에서 계획관리지역의 면적이 차지하는 비율이 100분의 50 이상일 것	공공기관의 장 또는 정부출연기관의 장은 30만m² 이상으로서 국가계획과 밀접한 관련이 있는 도시개발구역의 지정제안 ⇨ 국토교통부장관
반영 여부 통보	① 원칙 : 제안일부터 45일 이내 ② 예외 : 부득이한 사정이 있는 경우에는 1회 한하여 30일 연장 가능	1개월 이내 통보(불가피한 경우에는 1개월 이내의 범위에서 연장 가능)
비용부담	제안자와 협의하여 비용의 전부 또는 일부를 부담시킬 수 있다.	제안자와 협의하여 비용의 전부 또는 일부를 부담시킬 수 있다.
제출서류	도시 · 군관리계획도서와 계획설명서	둘 이상의 구역에 걸치는 경우 : 그 지역에 포함된 면적이 가장 큰 지역의 시장 · 군수 · 구청장에게 지정제안서 제출

03 부동산공법상 효력발생일 총정리 ☆☆

국토의 계획 및 이용에 관한 법률	① 도시·군관리계획의 효력발생 : <u>지형도면을 고시한 날부터 효력발생</u> ② 공간재구조화계획의 효력발생 : 지형도면을 고시한 날부터 효력발생. 다만, 지형도면이 필요 없는 경우에는 공간재구조화계획결정을 고시한 날부터 효력이 발생한다.
도시개발법	① 환지 예정지 지정의 효력발생일 : 시행자가 토지소유자와 임차권자 등에게 통지한 효력발생일 ② 환지처분으로 인한 권리이전시기 : <u>환지처분 공고일의 다음 날</u> ⇨ <u>종전 토지로 본다.</u> ③ <u>조합임원의 자격상실시기</u> : 결격사유에 해당하게 된 날의 다음 날 ④ <u>청산금의 소멸시효</u> : <u>5년</u>
도시 및 주거환경정비법	① 사용·수익의 정지 : 관리처분계획의 인가·고시일부터 소유권이전의 고시일까지. 다만, <u>시행자의 동의를 받거나 손실보상이 완료되지 아니한 경우에는 사용·수익할 수 있다.</u> ② 분양설계기준일 : <u>분양신청기간 만료일</u> ③ 소유권 취득시기 : <u>소유권이전고시일 다음 날</u> ④ 청산금 분할징수 및 지급시기 : 정관 등에서 분할징수 및 분할지급을 정하고 있거나 총회의 의결을 거쳐 따로 정한 경우에는 <u>관리처분계획인가 후부터 소유권이전고시가 있는 날까지</u> 일정기간별로 <u>분할징수하거나 분할지급할 수 있다.</u> ⑤ 청산금의 소멸시효 : 소유권이전고시일의 다음 날부터 5년

출제 예상 POINT

01. 국계법상 <u>도시·군관리계획의 결정의 효력</u>은 지형도면을 고시한 날부터 발생한다. ◉

02. 도시개발법상 환지계획에서 정하여진 환지는 그 환지처분의 공고가 있는 날의 <u>다음 날부터 종전의 토지로 본다.</u> ◉

03. 도시개발법상 청산금을 받을 권리나 징수할 권리를 <u>5년간</u> 행사하지 아니하면 시효로 소멸한다. ◉

04. 도시 및 주거환경정비법상 <u>분양설계에 관한 계획은 분양신청기간이 만료되는 날을</u> 기준으로 하여 수립한다. ◉

05. 도시 및 주거환경정비법상 청산금을 지급받을 권리는 소유권이전고시일부터 5년간 행사하지 아니하면 <u>시효로 소멸한다.</u> ☒

06. 도시 및 주거환경정비법상 건축물을 분양받을 자는 사업시행자가 소유권이전에 관한 내용을 공보에 <u>고시한 날에 소유권을 취득한다.</u> ☒

04 사업이나 공사에 착수한 자(기득권 보호) ✯

도시 · 군관리계획	① 원칙 : 도시 · 군관리계획 결정 당시 이미 사업이나 공사에 착수한 자 ⇨ 도시 · 군관리계획 결정에 관계없이 그 사업이나 공사를 계속할 수 있다. ② 예외 : <u>시가화조정구역 · 수산자원보호구역</u> 지정의 경우 시가화조정구역 · 수산자원보호구역 지정 당시 이미 사업 또는 공사에 <u>착수한 자</u> ⇨ 해당 구역의 결정의 고시일로부터 <u>3월 이내</u>에 사업 또는 공사의 내용을 <u>신고한 후 그 사업이나 공사를 계속할 수 있다.</u> ❶ 비교정리 : 공간재구조화계획 : 공간재구조화계획결정을 고시할 당시 이미 사업이나 공사에 착수한 자 ⇨ 공간재구조화계획결정과 관계 없이 그 사업이나 공사를 계속할 수 있다.
도시개발구역	허가를 받아야 하는 행위로서 도시개발구역의 지정 · 고시 당시 이미 관계 법령에 따라 허가를 받았거나 허가를 받을 필요가 없는 행위에 관하여 그 공사 또는 사업에 <u>착수한 자</u>는 도시개발구역의 지정 · 고시일부터 <u>30일 이내</u>에 신고서에 그 공사 또는 사업의 진행상황과 시행계획을 첨부하여 <u>신고한 후 이를 계속 시행할 수 있다.</u>
정비구역	허가를 받아야 하는 행위로서 정비구역의 지정 및 고시 당시 이미 관계 법령에 따라 행위허가를 받았거나 허가를 받을 필요가 없는 행위에 관하여 그 공사 또는 사업에 <u>착수한 자</u>는 정비구역이 지정 · 고시된 날부터 <u>30일 이내</u>에 공사 또는 사업의 진행상황과 시행계획을 첨부하여 관할 시장 · 군수 등에게 <u>신고한 후 이를 계속 시행할 수 있다.</u>

출제 예상 / POINT /

01. 국계법상 <u>시가화조정구역</u>의 지정에 관한 도시 · 군관리계획결정 당시 이미 사업에 <u>착수한 자</u>는 도시 · 군관리계획결정에 관계없이 그 <u>사업을 계속할 수 있다.</u> ✗

02. 국계법상 <u>시가화조정구역</u>의 지정에 관한 도시 · 군관리계획결정이 있는 경우에는 결정 당시 이미 <u>허가를 받아 사업을 하고 있는 자</u>라도 <u>허가를 다시 받아야 한다.</u> ✗

03. 도시 및 주거환경정비법상 허가를 받아야 하는 행위로서 정비구역의 지정 · 고시 당시 이미 관계 법령에 따라 행위허가를 받아 공사에 <u>착수한 자</u>는 정비구역이 지정 · 고시된 날부터 30일 이내에 <u>시장 · 군수</u> 등에게 신고한 후 이를 계속 시행할 수 있다. ◉

THEME 05 부동산공법상 행정계획절차 총정리 ★★

구 분		내 용
광역도시계획		국토교통부장관, 시·도지사, 시장 또는 군수는 광역도시계획을 수립하거나 변경하려면 미리 공청회를 열어 주민과 관계 전문가 등으로부터 의견을 들어야 하며, 제시된 의견이 타당하다고 인정하는 때에는 이를 광역도시계획에 반영하여야 한다.
도시·군기본계획		특별시장·광역시장·특별자치시장·특별자치도지사·시장 또는 군수는 도시·군기본계획을 수립하거나 변경하려면 미리 공청회를 열어 주민과 관계 전문가 등으로부터 의견을 들어야 하며, 제시된 의견이 타당하다고 인정하는 때에는 이를 도시·군기본계획에 반영하여야 한다.
도시·군관리계획	주민 의견청취	① 주민 의견청취 ⇨ 공고 + 열람(14일 이상) ② 공람기간에 제출된 의견을 도시·군관리계획안에 반영할 것인지 여부를 검토하여 그 결과를 열람기간이 종료된 날부터 60일 이내에 해당 의견을 제출한 자에게 통보하여야 한다. ③ 국방상 또는 국가안전보장상 기밀을 요하는 사항(관계 중앙행정기관의 장이 요청하는 것만 해당)이거나 도시지역의 축소에 따른 용도지역의 변경인 경우에는 생략할 수 있다.
	입안제안	1. 제안 : 주민(이해관계자 포함) ① 기반시설의 설치·정비 또는 개량에 관한 사항 ② 지구단위계획구역의 지정 및 변경과 지구단위계획의 수립 및 변경 ③ 산업·유통개발진흥지구의 지정 및 변경 ④ 용도지구 중 해당 용도지구에 따른 건축물이나 그 밖의 시설의 용도·종류·규모 등의 제한을 지구단위계획으로 대체하기 위한 용도지구의 지정 및 변경 ⑤ 도시·군계획시설입체복합구역의 지정 및 변경과 도시·군계획시설입체복합구역의 건축제한·건폐율·용적률·높이 등에 관한 사항 2. 결과통보 : 입안권자는 제안일부터 45일 이내에 도시·군관리계획 입안에의 반영 여부를 제안자에게 통보(부득이한 사정이 있는 경우에는 1회에 한하여 30일 연장)
단계별집행계획		협의 + 지방의회 의견청취(주민 의견청취 ✖, 심의 ✖)
실시계획		국토교통부장관이나 시·도지사 또는 대도시 시장은 실시계획인가 전에 공고하고 14일 이상 열람할 수 있도록 하여야 한다.
개발밀도관리구역		지방도시계획위원회의 심의(주민 의견청취 ✖)
기반시설부담구역		주민 의견청취 + 지방도시계획위원회의 심의
성장관리계획구역		주민 의견청취(14일 이상 열람) + 지방의회 의견청취(60일 이내에 의견제시) + 협의 + 심의

시범도시사업계획	주민 의견청취(설문조사ㆍ열람)
도시개발구역지정	공람(14일 이상)이나 공청회(100万m² 이상 ⇨ 공청회 개최 의무)를 통하여 주민이나 관계 전문가 등으로부터 의견을 들어야 한다.
정비기본계획	공람(14일 이상) + 지방의회의 의견청취(60일 이내에 의견제시) + 협의 + 지방도시계획위원회의 심의 ⇨ 10년 단위로 수립 + 5년마다 타당성 검토
정비계획	주민설명회 + 공람(30일 이상) + 지방의회의 의견청취(60일 이내에 의견제시)
사업시행계획	1. 시행자 ① 지정개발자가 정비사업을 시행하려는 경우에는 사업시행계획인가를 신청하기 전에 토지등소유자의 과반수의 동의 및 토지면적의 2분의 1 이상의 토지소유자의 동의를 받아야 한다. ② 재개발사업을 토지등소유자가 시행하고자 하는 경우에는 사업시행계획인가를 신청하기 전에 사업시행계획서에 대하여 토지등소유자의 4분의 3 이상 및 토지면적의 2분의 1 이상의 동의를 받아야 한다. 2. 정비사업비의 예치: 시장ㆍ군수 등은 재개발사업의 시행자가 지정개발자(지정개발자가 토지등소유자로 한정)인 경우 정비사업비의 100분의 20 범위에서 조례로 정하는 금액을 예치하게 할 수 있다. 3. 인가권자: 시장ㆍ군수 등은 사업시행계획인가를 하거나 사업시행계획서를 작성하려는 경우에는 대통령령으로 정하는 방법 및 절차에 따라 관계서류의 사본을 14일 이상 일반인이 공람할 수 있게 하여야 한다.
관리처분계획	사업시행자는 관리처분계획인가를 신청하기 전에 관계 서류의 사본을 30일 이상 토지등소유자에게 공람하게 하고 의견을 들어야 한다.
리모델링기본계획	공람(14일 이상) + 지방의회 의견청취(30일 이내 의견제시) + 협의 + 심의 ⇨ 10년 단위로 수립 + 5년마다 타당성 검토

출제 예상 POINT

01. 국계법상 광역도시계획수립시 주민의 의견을 들어야 하나 관계 전문가로부터 의견을 들을 필요는 없다. ☒

02. 국계법상 특별시장ㆍ광역시장ㆍ특별자치시장ㆍ특별자치도지사ㆍ시장 또는 군수는 도시ㆍ군기본계획을 수립하거나 변경하는 경우에는 공청회는 개최하지 아니할 수 있다. ☒

03. 국계법상 도시지역의 축소에 따른 용도지역의 변경을 내용으로 하는 도시ㆍ군관리계획을 입안하는 경우에는 주민의 의견청취를 생략할 수 있다. ◉

04. 국계법상 주민은 도시ㆍ군관리계획도서와 계획설명서를 첨부하여 도시자연공원구역의 지정 또는 변경에 관한 사항에 대하여 도시ㆍ군관리계획의 입안권자에게 그 입안을 제안할 수 있다. ☒

05. 도시 및 주거환경정비법상 재개발사업을 토지등소유자가 시행하고자 하는 경우에는 사업시행계획인가를 신청하기 전에 사업시행계획서에 대하여 토지등소유자의 4분의 3 이상 및 토지면적의 2분의 1 이상의 동의를 받아야 한다. ◉

06. 도시 및 주거환경정비법상 사업시행자는 관리처분계획의 인가를 신청하기 전에 관계 서류의 사본을 14일 이상 토지등소유자에게 공람하게 하고 의견을 들어야 한다. ☒

부동산공법상 의제 규정 총정리 ☆☆☆

	국토의 계획 및 이용에 관한 법률상의 의제 규정
공유수면매립지에 관한 용도지역의 지정(의제)	① 공유수면(바다만 해당)의 매립목적이 그 매립구역과 이웃하고 있는 용도지역의 내용과 같으면 도시·군관리계획의 입안 및 결정절차 없이 그 매립준공구역은 그 매립의 준공인가일부터 이와 이웃하고 있는 용도지역으로 지정된 것으로 본다. ⇨ 이 경우 특별시장, 광역시장, 특별자치시장, 특별자치도지사, 시장 또는 군수는 그 사실을 지체 없이 고시하여야 한다. ② 공유수면의 매립목적이 그 매립구역과 이웃하고 있는 용도지역의 내용과 다른 경우 및 그 매립구역이 둘 이상의 용도지역에 걸쳐 있거나 이웃하고 있는 경우에는 그 매립구역이 속할 용도지역은 도시·군관리계획 결정으로 지정하여야 한다.
용도지역 결정·고시(의제)	1. 도시지역으로 결정·고시된 것으로 의제 ① 「항만법」에 따른 항만구역으로서 도시지역에 연접한 공유수면 ② 「어촌·어항법」에 따른 어항구역으로서 도시지역에 연접한 공유수면 ③ 「산업입지 및 개발에 관한 법률」에 따른 국가산업단지, 일반산업단지 및 도시첨단산업단지(농공단지 ❌) ④ 「택지개발촉진법」에 따른 택지개발지구(사업의 완료로 해제된 경우는 지정 전의 용도지역으로 환원 ❌) ⑤ 「전원개발촉진법」에 따른 전원개발사업구역 및 예정구역(수력발전소 또는 송·변전설비만을 설치하기 위한 구역은 제외) 2. 관리지역에서의 특례 ① 관리지역에서 「농지법」에 따른 농업진흥지역으로 지정·고시된 지역은 농림지역으로 결정·고시된 것으로 본다. ② 관리지역의 산림 중 「산지관리법」에 따라 보전산지로 지정·고시된 지역은 농림지역 또는 자연환경보전지역으로 결정·고시된 것으로 본다.
도시혁신구역	도시혁신구역으로 지정된 지역은 건축법에 따른 특별건축구역으로 지정된 것으로 본다.

도시개발법상 의제 규정	
도시지역과 지구단위계획구역(의제)	도시개발구역이 지정·고시된 경우 해당 도시개발구역은 도시지역과 지구단위계획구역으로 결정되어 고시된 것으로 본다. 다만, 도시지역 외의 지역에 지정된 지구단위계획구역 및 취락지구로 지정된 지역인 경우에는 그러하지 아니하다(의제 ❌).
지형도면의 특례	도시지역과 지구단위계획구역으로 결정·고시된 것으로 보는 사항에 대하여는 「국토의 계획 및 이용에 관한 법률」에 따른 도시·군관리계획에 관한 지형도면의 고시는 도시개발사업의 시행기간에 할 수 있다.
도시 및 주거환경정비법상 의제 규정	
주거환경개선구역에서의 용도지역(의제)	① 주거환경개선사업이 토지등소유자가 스스로 주택을 보전·정비·개량하는 방법(현지개량방법) 또는 환지방법으로 시행되는 경우에는 제2종 일반주거지역으로 결정·고시된 것으로 본다. ② 주거환경개선사업이 수용방법 또는 관리처분방법으로 시행되는 경우에는 제3종 일반주거지역으로 결정·고시된 것으로 본다. ③ 해당 정비구역이 개발제한구역인 경우에는 그러하지 아니하다(의제 ❌).

출제 예상 POINT

01. 공유수면의 매립목적이 그 매립구역과 이웃하고 있는 용도지역의 내용과 다른 경우, 그 매립준공구역은 이와 이웃하고 있는 용도지역으로 지정된 것으로 본다. ❌

02. 「택지개발촉진법」에 따른 택지개발지구로 지정·고시된 지역은 「국토의 계획 및 이용에 관한 법률」에 따른 도시지역으로 결정·고시된 것으로 본다. ◎

03. 관리지역에서 「농지법」에 따른 농업진흥지역으로 지정·고시된 지역은 「국토의 계획 및 이용에 관한 법률」에 따른 농림지역으로 결정·고시된 것으로 본다. ◎

THEME 07 부동산공법상 시행자 총정리 ★★★

도시 · 군계획시설사업(국토의 계획 및 이용에 관한 법률)	도시개발사업(도시개발법)	정비사업(도시 및 주거환경정비법)
1. 행정청 ① 원칙 : 특별시장 · 광역시장 · 특별자치시장 · 특별자치도지사 · 시장 · 군수 ② 예외 : 국토교통부장관(국가계획), 도지사(광역도시계획) 2. 비행정청 : 지정받은 자(한국토지주택공사 등은 토지면적 3분의 2 이상을 소유하고 토지소유자 총수 2분의 1 이상의 동의 ❌)	① 국가 · 지방자치단체(지정제안 ❌) ② 공공기관(한국토지주택공사 등), 정부출연기관 ③ 지방공사 ④ 토지소유자 ⑤ 조합(지정제안 ❌) ⇨ 전부 환지방식 ⑥ 수도권 외의 지역으로 이전하는 법인 ⑦ 등록사업자 ⑧ 신탁업자 중 외부감사의 대상이 되는 자 ⑨ 자기관리 부동산투자회사 또는 위탁관리 부동산투자회사	1. 주거환경개선사업(조합, 토지등소유자 ❌) ① 시장 · 군수 등 ② 토지주택공사 등 또는 공익법인 2. 재개발사업 ① 조합 또는 토지등소유자(20인 미만) ② 조합원 과반수 동의 ⇨ 시장 · 군수 등, 토지주택공사 등, 건설업자, 등록사업자, 신탁업자, 한국부동산원(공동) 3. 재건축사업 ① 조합 ② 조합원 과반수 동의 ⇨ 시장 · 군수 등, 토지주택공사 등, 건설업자, 등록사업자(공동)

주택건설사업(주택법)	건축사업(건축법)
① 등록사업자 : 연간 단독주택 20호 이상 또는 공동주택 20세대(도시형 생활주택은 30세대) 이상 건설하거나 연간 1만 제곱미터 이상의 대지조성사업을 시행하려는 자 ② 비등록사업자 : 국가, 지방자치단체, 한국토지주택공사, 지방공사, 공익법인, 주택조합 + 등록사업자, 고용자 + 등록사업자 ③ 공동사업주체 : 토지소유자 · 주택조합 + 등록사업자(임의), 고용자 + 등록사업자(의무)	건축주 ⇨ 허가권자

THEME 08 부동산공법상 행정심판과 취소사유 총정리 ★★

01 행정심판

국토의 계획 및 이용에 관한 법률	도시·군계획시설사업 시행자 처분에 따른 행정심판 ① 행정청인 시행자 : 「행정심판법」에 따른 행정심판을 제기할 수 있다. ② 비행정청인 시행자 : 시행자를 지정한 자에게 행정심판을 제기하여야 한다.
도시개발법	① 행정청인 시행자 : 「행정심판법」에 따른 행정심판을 제기할 수 있다. ② 비행정청인 시행자 : 지정권자에게 행정심판을 제기하여야 한다.

02 취소사유

구 분	재량적 취소사유(취소할 수 있다)	필수적 취소사유(취소하여야 한다)
건축법		① 허가를 받은 날부터 2년(공장은 3년) 이내에 착수하지 아니한 경우 ② 공사완료가 불가능하다고 인정하는 경우 ③ 대지의 소유권을 상실한 때부터 6개월이 경과한 이후 공사의 착수가 불가능하다고 인정하는 경우
주택법	① 사업주체가 5년 이내에 공사를 시작하지 아니한 경우 ② 사업주체가 경매·공매 등으로 인하여 대지 소유권을 상실한 경우(주택분양보증이 된 사업은 제외) ③ 사업주체의 부도·파산 등으로 공사의 완료가 불가능한 경우(주택분양보증이 된 사업은 제외)	
농지법		허가를 받은 자가 관계공사의 중지 등 조치명령을 위반한 경우

구 분	허가권자
개발행위허가권자	특별시장 · 광역시장 · 특별자치시장 · 특별자치도지사 · 시장 · 군수
공동구의 점용허가(관리의무자)	특별시장 · 광역시장 · 특별자치시장 · 특별자치도지사 · 시장 · 군수
도시개발구역에서 개발행위허가권자	특별시장 · 광역시장 · 특별자치도지사 · 시장 · 군수
정비구역에서 개발행위허가권자	시장 · 군수 등
건축허가권자	① 원칙 : 특별자치시장, 특별자치도지사, 시장 · 군수 · 구청장 ❶ 비교정리 : 도지사는 승인권자 ② 예외 : 특별시장 · 광역시장(21층 이상 또는 10만㎡ 이상인 건축물 ⇨ 공장, 창고는 제외)
사업계획승인권자	① 원칙 : 대지면적이 10만㎡ 이상 ⇨ 시 · 도지사 또는 대도시 시장, 대지면적이 10만㎡ 미만 ⇨ 특별시장, 광역시장, 특별자치시장, 특별자치도지사, 시장 · 군수(구청장 ❌) ② 예외 : 국토교통부장관(㉠ 국가, 한국토지주택공사가 시행, ㉡ 국토교통부장관이 지정 · 고시하는 지역)
농지전용허가권자	농림축산식품부장관 ❶ 비교정리 : 농지전용신고 ⇨ 시장 · 군수 · 구청장
농지의 타용도 일시사용허가(신고)	시장 · 군수 · 구청장
농지전용협의	주무부장관, 지방자치단체의 장이 농림축산식품부장관과 협의

출제 예상 POINT

01. 건축법상 21층 이상의 공장이나 창고를 특별시 또는 광역시에 건축하고자 하는 경우에는 특별시장 또는 광역시장의 허가를 받아야 한다. ❌

02. 건축법상 A광역시 B구에서 20층의 연면적 합계가 5만㎡인 허가대상 건축물을 신축하려면 B구청장에게 건축허가를 받아야 한다. ⭕

03. 주택법상 한국토지주택공사가 서울특별시 A구역에서 대지면적 10만㎡에 50호의 한옥 건설사업을 시행하려는 경우 국토교통부장관에게 사업계획승인을 받아야 한다. ⭕

10 부동산공법상 면적기준 ★★

국토의 계획 및 이용에 관한 법률	도시개발법	건축법

🔒 개발행위의 규모(토지의 형질변경)
 	
① 공업지역, 관리지역, 농림지역 : 3만m² 미만
 	
② 보전녹지지역, 자연환경보전지역 : 5천m² 미만
 	
③ 주거지역, 상업지역, 생산녹지지역, 자연녹지지역 : 1만m² 미만
	🔒 도시개발구역의 지정규모
	
	1. 도시지역
	
	  ① 주거지역, 상업지역, 생산녹지지역, 자연녹지지역 : 1만m² 이상
	
	  ② 공업지역 : 3만m² 이상
	
	2. 도시지역 외
	
	  ① 원칙 : 30만m² 이상
	
	  ② 예외 : 초등학교 + 4차로 이상의 도로 확보 시 10만m² 이상
		🔒 용도지역별 분할제한
		
		① 주거지역 : 60m²
		
		② 상업지역 : 150m²
		
		③ 공업지역 : 150m²
		
		④ 녹지지역 : 200m²
		
		⑤ 관리지역, 농림지역, 자연환경보전지역 : 60m²

출제 예상 POINT

01. 국계법상 관리지역 안에서는 도시·군계획조례에서 정하는 바에 따라 개발행위허가의 규모가 정해지며, 그 상한은 5만m²이다. ❌

02. 도시개발법령상 자연녹지지역에 도시개발구역으로 지정할 수 있는 규모는 3만m² 이상이어야 한다. ❌

03. 건축법상 건축물이 있는 대지는 공업지역에서는 150m² 이상의 범위에서 조례로 정하는 면적에 못 미치게 분할할 수 없다. ⭕

부동산공법상 실효규정 총정리 ★★★

시가화조정구역의 실효	시가화조정구역의 지정에 관한 도시·군관리계획의 결정은 5년 이상 20년 이내에서 정한 시가화유보기간이 끝난 날의 다음 날부터 그 효력을 잃는다.
실시계획의 실효	① 도시·군계획시설결정의 고시일부터 10년 이후에 실시계획을 작성하거나 인가(다른 법률에 따라 의제된 경우는 제외한다)받은 도시·군계획시설사업의 시행자가 실시계획 고시일부터 5년 이내에 「공익사업을 위한 토지 등의 취득 및 보상에 관한 법률」에 따른 재결신청을 하지 아니한 경우에는 실시계획 고시일부터 5년이 지난 다음 날에 그 실시계획은 효력을 잃는다. ② 도시·군계획시설사업의 시행자가 재결신청을 하지 아니하고 실시계획 고시일부터 5년이 지나기 전에 해당 도시·군계획시설사업에 필요한 토지면적의 3분의 2 이상을 소유하거나 사용할 수 있는 권원을 확보하고 실시계획 고시일부터 7년 이내에 재결신청을 하지 아니한 경우 실시계획 고시일부터 7년이 지난 다음 날에 그 실시계획은 효력을 잃는다. ⓘ **비교정리(실효시기)** ① 도시·군계획시설결정의 고시일부터 20년이 되기 전에 실시계획이 폐지되거나 효력을 잃고 다른 도시·군계획시설사업이 시행되지 아니하는 경우: 도시·군계획시설결정의 고시일부터 20년이 되는 날의 다음 날에 효력을 잃는다. ② 도시·군계획시설결정의 고시일부터 20년이 되는 날의 다음 날 이후 실시계획이 폐지되거나 효력을 잃은 경우: 실시계획이 폐지되거나 효력을 잃은 날에 효력을 잃는다.
도시·군계획시설 결정의 실효	도시·군계획시설결정이 고시된 도시·군계획시설에 대하여 그 고시일부터 20년이 지날 때까지 그 시설의 설치에 관한 도시·군계획시설사업이 시행되지 아니하는 경우 20년이 되는 날의 다음 날에 그 효력을 잃는다.
지구단위계획구역 및 지구단위계획의 실효	① **지구단위계획구역의 실효**: 지구단위계획구역의 지정에 관한 도시·군관리계획결정의 고시일부터 3년 이내에 그 지구단위계획에 관한 지구단위계획이 결정·고시되지 아니하면 그 3년이 되는 날의 다음 날에 효력을 잃는다. ② **지구단위계획의 실효**: 지구단위계획(주민이 입안을 제안한 것에 한정)에 관한 도시·군관리계획결정의 고시일부터 5년 이내에 사업이나 공사에 착수하지 아니하면 5년이 되는 날의 다음 날에 효력을 잃는다.

기반시설부담구역 지정의 해제	기반시설부담구역의 지정·고시일부터 <u>1년</u>이 되는 날까지 기반시설설치계획을 수립하지 아니하면 그 1년이 되는 날의 <u>다음 날</u>에 기반시설부담구역의 지정은 해제된 것으로 본다.
도시개발구역 지정의 해제	1. **도시개발구역을 지정하기 전에 개발계획을 수립한 경우** 　① 도시개발구역이 지정·고시된 날부터 <u>3년</u>이 되는 날까지 실시계획의 인가를 신청하지 아니하는 경우에는 그 3년이 되는 날의 다음 날 　② 도시개발사업의 공사완료의 공고일의 다음 날(환지방식에 따른 사업인 경우에는 그 환지처분의 공고일의 다음 날) ⇨ <u>종전의 용도지역으로 환원</u> ❌ 2. **도시개발구역을 지정한 후 개발계획을 수립하는 경우** 　① 도시개발구역이 지정·고시된 날부터 2년이 되는 날까지 개발계획을 수립·고시하지 아니하는 경우에는 그 <u>2년</u>이 되는 날의 다음 날(다만, 면적이 330만㎡ 이상인 경우에는 <u>5년</u>이 되는 날의 다음 날) 　② 개발계획을 수립·고시한 날부터 <u>3년</u>이 되는 날까지 실시계획인가를 신청하지 아니하는 경우에는 그 3년이 되는 날의 <u>다음 날</u>(다만, 면적이 <u>330㎡</u> 이상인 경우에는 <u>5년</u>이 되는 날의 다음 날)
정비구역 지정의 해제	① 정비구역지정 예정일부터 <u>3년</u>이 되는 날까지 정비구역을 지정하지 아니하거나 지정신청을 하지 아니한 경우 ② 토지등소유자가 정비구역의 지정·고시일부터 <u>2년</u>이 되는 날까지 추진위원회의 승인신청을 하지 아니한 경우 ③ 추진위원회가 추진위원회의 승인일부터 <u>2년</u>이 되는 날까지 조합설립인가를 신청하지 아니한 경우 ④ 조합이 조합설립인가를 받은 날부터 <u>3년</u>이 되는 날까지 사업시행계획인가를 신청하지 아니한 경우 ⑤ 토지등소유자가 시행하는 재개발사업으로서 정비구역으로 지정·고시된 날부터 <u>5년</u>이 되는 날까지 사업시행계획인가를 신청하지 아니한 경우 ❶ **비교정리** : 준공인가에 따른 정비구역의 해제 ① 정비구역의 지정은 준공인가의 고시가 있는 날(관리처분계획을 수립하는 경우에는 이전고시가 있는 때를 말함)의 다음 날에 해제된 것으로 본다. ② 정비구역의 해제는 <u>조합의 존속에 영향을 주지 아니한다.</u>

구 분	국토의 계획 및 이용에 관한 법률	도시개발법		주택법
	도시 · 군계획시설채권	토지상환채권	도시개발채권	주택상환사채
발행권자	지방자치단체	사업시행자 ⇨ (민간시행자는 보증 ○) ⇨ (공공시행자는 보증 ✖)	지방자치단체의 장(시 · 도지사)	한국토지주택공사와 등록사업자 (등록사업자는 지급보증 ⇨ 등록사업자의 등록이 말소된 경우에도 효력에는 영향을 미치지 아니한다)
승인권자		지정권자(승인)	행정안전부장관(승인)	국토교통부장관(승인)
발행방법	매수의무자가 지방자치단체인 경우로서 ① 토지소유자가 원하는 경우 또는 ② 부재부동산 또는 비업무용 토지로서 3,000만원을 초과하는 경우에는 초과하는 금액	① 기명증권(양도 가능) ② 취득자는 원부에 기재하여 줄 것을 요청 ⇨ 채권에 기재하지 아니하면 발행자 및 제3자에게 대항하지 못한다. ③ 질권목적 ⇨ 원부에 기재하지 아니하면 발행자 및 제3자에게 대항하지 못한다.	전자등록 발행 또는 무기명	① 기명증권(양도 금지) ② 액면 또는 할인의 방법으로 발행할 수 있다. ③ 명의변경은 원부에 기록하는 방법으로 하며, 채권에 기록하지 아니하면 발행자 및 제3자에게 대항할 수 없다.
상환기간	10년 이내로 하며, 구체적인 상환기간은 조례로 정한다.		5년부터 10년까지의 범위에서 조례로 정한다.	발행일부터 3년 초과 금지 ⇨ 발행일부터 공급계약체결일까지의 기간
소멸시효			원금 : 5년, 이자 : 2년	

적용법규	도시·군계획시설채권의 발행절차에 관하여 국계법에 특별한 규정이 있는 경우 외에는 「지방재정법」에서 정하는 바에 따른다.	토지소유자가 원하는 경우 매수대금의 일부를 발행할 수 있다.	① 수용방식으로 시행하는 공공 사업시행자와 도급계약을 체결하는 자(매입의무) ② 민간사업시행자 ③ 「국토의 계획 및 이용에 관한 법률」상 토지의 형질변경허가를 받은 자(매입의무)	「주택법」 우선 적용 후 「상법」 적용
기 타	매수청구된 토지의 매수가격·매수절차 등에 관하여 국계법에 특별한 규정이 있는 경우 외에는 「공·취·법」을 준용한다.	① 발행규모 : 분양 토지 또는 건축물의 1/2을 초과할 수 없다. ② 이율 : 발행자가 정한다. ③ 질권의 목적으로 할 수 있다.	① 매입필증 : 5년간 보관 ② 중도상환 가능사유 　㉠ 매입자의 귀책 사유 없이 허가 또는 인가가 취소된 경우 　㉡ 착오로 매입한 경우 　㉢ 초과하여 매입한 경우	🔒 양도가능 사유 ① 취학, 질병치료, 근무로 세대원 전원이 이전하는 경우 ② 세대원 전원이 해외로 이주하거나 2년 이상 해외에 체류하는 경우 ③ 세대원 전원이 상속으로 취득한 주택으로 이전하는 경우

부동산공법상 조합 총정리 ★★★

구 분	도시개발조합 (도시개발법)	재개발조합	재건축조합	주택조합 (주택법)
		(도시 및 주거환경정비법)		
설립 절차	토지소유자(7명 이상) ⇩ 정관 작성 ⇩ 지정권자(인가) ⇩ 30일 이내에 등기	추진위원회(위원장 포함 5명 이상으로 구성 + 토지등소유자 과반수 동의 + 시장·군수 등의 승인) ⇩ 정관 첨부 ⇩ 시장·군수 등의 조합설립 인가 ⇩ 30일 이내에 등기		① 원칙 : 특별자치시장, 특별자치도지사, 시장·군수·구청장에게 설립인가 ② 예외 : 시장·군수·구청장에게 신고 (국민주택을 공급받기 위한 직장주택 조합은 신고한 후 설립 ⇨ 조합원은 무 주택자에 한함)
동의 요건	토지면적 2/3 이상 + 토지소유자 총수 1/2 이상	토지등소유자 3/4 이상 + 토지면적 1/2 이상	① 동별(구분소유자의 과반수) + 전체(구분소유자 100분의 70 이상 및 면적 100분의 70 이상) ② 주택단지가 아닌 지역 : 토지 또는 건축물소유자 3/4 이상 + 토지면적 2/3 이상	주택단지 전체를 리모델링하는 경우 : 전 체 구분소유자 및 의결권의 2/3 이상의 동의 + 동별 과반수의 결의를 받아야 한다. ⇨ 리모델링주택조합은 리모델링 결의에 찬성 하지 아니한 자의 주택 및 토지에 대하여 매 도청구할 수 있다.
조합원 자격	토지소유자	토지등소유자	토지등소유자로 설립에 동의한 자 (조합설립에 동의× ⇨ 조합원×)	무주택세대주 또는 85m² 이하의 주택 1채 소유자(조합설립인가신청일 기준)
법인격	○ (등기 = 성립)	○ (등기 = 성립)	○ (등기 = 성립)	리모델링주택조합○ (등기 = 성립)
기 타	① 조합원 수가 50인 이상 ⇨ 대 의원회를 둘 수 있다. ② 총회를 둔다. ③ 「민법」 중 사단법인 규정 준용	① 조합원 수가 100명 이상 ⇨ 대의원회를 두어야 한다(자금의 차입, 조합임원의 선임 및 해임은 대의원회에서 대행할 수 없다). ② 총회를 둔다. ③ 「민법」 중 사단법인 규정 준용		주택건설예정 세대수의 50% 이상의 조합 원으로 구성하되, 조합원은 20명 이상이 어야 한다(리모델링주택조합은 제외).

부동산공법상 동의요건 총정리 ✯✯✯

도시개발법		도시 및 주거환경정비법		
도시개발구역 지정제안 (국가, 지자체, 조합을 제외)	민간사업시행자의 제안은 토지면적 2/3 이상	🔒**조합설립추진위원회** : <u>위원장 포함 5명 이상의 위원</u> + 토지등소유자 <u>과반수의 동의</u> + <u>시장·군수 등의 승인</u>		
전부 환지방식 (지자체 등의 시행 사유)	토지면적(국·공유지를 제외) 1/2 이상 + 토지소유자 총수 1/2 이상	**종 류**	**시행자 범위**	**요 건**
수용방식으로 시행	민간사업시행자는 토지면적 2/3 이상 소유 + 토지소유자 총수 1/2 이상	주거환경개선사업	시장·군수 등, 토지주택공사 등, 공익법인	토지등소유자 3분의 2 이상 + 세입자 세대수 과반수를 동의를 받아야 한다. 다만, 세입자 세대수가 <u>토지등소유자의 2분의 1 이하</u>인 경우와 현지개량방법, 환지방법 또는 관리처분방법으로 시행하는 경우에는 <u>세입자의 동의절차를 거치지 아니할 수 있다.</u>
		재개발사업	조합 또는 <u>토지등소유자</u>	<u>과반수의 동의</u>를 받아 조합 또는 토지등소유자 + 시장·군수 등, 토지주택공사 등, 건설업자, 등록사업자, 신탁업자, 한국부동산원과 공동으로 시행할 수 있다.
		재건축사업	조합	<u>과반수의 동의</u>를 받아 조합 + 시장·군수 등, 토지주택공사 등, 건설업자, 등록사업자와 공동으로 시행할 수 있다.
		🔒**총회의 출석요건** : 시공자 선정을 의결하는 총회의 경우에는 조합원의 과반수가 직접 출석하여야 하고, <u>창립총회, 시공자 선정 취소를 위한 총회, 사업시행계획서, 관리처분계획, 정비사업비의 사용 및 변경을 의결하는</u> 경우 ⇨ <u>조합원 100분의 20 이상</u>이 직접 출석하여야 한다.		

개발계획 수립(환지방식)	토지면적 2/3 이상 + 토지소유자 총수 1/2 이상 ⇨ 시행자가 국가 또는 지방자치단체이면 동의를 받을 필요가 없다.	🔒 **사업시행계획인가 신청 시 동의요건** ① 토지등소유자 + 재개발사업 : 토지등소유자의 4분의 3 이상 + 토지면적 2분의 1 이상 ② 지정개발자 : 토지등소유자 과반수 + 토지면적 2분의 1 이상	
조합의 설립(동의요건)	토지면적(국·공유지를 포함) 2/3 이상 + 토지소유자 총수 1/2 이상	재개발사업	토지등소유자 3/4 이상 + 토지면적 1/2 이상의 동의
		재건축사업	주택단지 안 — 각 동별 과반수의 동의와 전체 구분소유자 100분의 70 이상 + 토지면적 100분의 70 이상의 동의
			주택단지가 아닌 지역 — 토지 또는 건축물 소유자 3/4 이상 + 토지면적 2/3 이상의 동의

출제 예상 POINT

01. 도시개발법상 도시개발조합은 도시개발구역의 지정을 제안할 수 있다. ❌

02. 도시개발법상 도시개발조합 설립의 인가를 신청하려면 해당 도시개발구역의 토지면적의 3분의 2 이상에 해당하는 토지소유자 또는 그 구역의 토지소유자 총수의 2분의 1 이상의 동의를 받아야 한다. ❌

03. 도시개발법상 지정권자가 도시개발사업을 환지방식으로 시행하려고 개발계획을 수립하는 경우 사업시행자가 지방자치단체이면 토지소유자의 동의를 받아야 한다. ❌

04. 도시 및 주거환경정비법상 재건축사업의 추진위원회가 조합을 설립하고자 하는 경우에 주택단지가 아닌 지역이 정비구역에 포함된 때에는 주택단지가 아닌 지역 안의 토지 또는 건축물 소유자의 3/4 이상 및 토지면적의 2/3 이상의 동의를 받아야 한다. ⭕

부동산공법상 개발행위허가의 비교 ★★

국토의 계획 및 이용에 관한 법률 ★★★	
허가권자	특별시장 · 광역시장 · 특별자치시장 · 특별자치도지사 · 시장 또는 군수

허가대상	1. 건축물의 건축
	2. 공작물(인공을 가하여 제작한 시설물)의 설치
	3. 토지의 형질변경 : 절토, 성토, 포장 등의 방법으로 토지의 형상을 변경하는 행위와 공유수면의 매립
	4. 토석의 채취(토지의 형질변경을 목적으로 하는 것을 제외)
	5. 다음의 토지분할(「건축법」상 건축물이 있는 대지는 제외)
	  ① 녹지지역 · 관리지역 · 농림지역 및 자연환경보전지역 안에서 관계 법령에 따른 허가 · 인가 등을 받지 아니하고 행하는 토지의 분할
	  ② 「건축법」에 따른 분할제한면적 미만으로의 토지의 분할
	  ③ 관계 법령에 의한 허가 · 인가 등을 받지 아니하고 행하는 너비 5m 이하로의 토지의 분할
	6. 물건을 쌓아놓는 행위 : 녹지지역, 관리지역 또는 자연환경보전지역 안에서 건축물의 울타리 안에 위치하지 아니한 토지에 물건을 1개월 이상 쌓아놓는 행위

허용사항
(허가 ✖)
	1. 도시 · 군계획사업(도시 · 군계획시설사업 + 도시개발사업 + 정비사업)
	2. 경작을 위한 토지의 형질변경. 다만, 다음의 경우에는 허가를 받아야 한다.
	  ① 인접토지의 관개 · 배수 및 농작업에 영향을 미치는 경우
	  ② 재활용 골재 등 수질오염 또는 토질오염의 우려가 있는 토사 등을 사용하여 성토하는 경우
	  ③ 지목의 변경을 수반하는 경우(전 · 답 사이의 변경은 제외)
	  ④ 2m 이상의 절토 · 성토가 수반되는 경우
	3. 재해복구나 재난수습을 위한 응급조치 ⇨ 1개월 이내에 신고하여야 한다.
	4. 다음의 경미한 행위
	  ① 공작물의 설치 : 녹지지역, 관리지역, 농림지역 안에서의 농림어업용 비닐하우스의 설치(비닐하우스 안에 설치하는 양식장은 제외)
	  ② 토지분할
	    ㉠ 토지의 일부를 국유지 또는 공유지로 하거나 공공시설로 사용하기 위한 토지의 분할
	    ㉡ 토지의 일부가 도시 · 군계획시설로 지형도면의 고시가 된 토지의 분할

도시개발법 ☆☆	
허가권자	특별시장 · 광역시장 · 특별자치도지사 · 시장 또는 군수
허가대상	1. 건축물(가설건축물을 포함)의 건축, 대수선, 용도변경 2. 공작물의 설치 : 인공을 가하여 제작한 시설물의 설치 3. 토지의 형질변경 : 토지의 형상을 변경하는 행위, 토지의 굴착, 공유수면의 매립 4. 토석의 채취 5. 토지분할 6. 물건을 쌓아놓는 행위 : 옮기기 쉽지 아니한 물건을 1개월 이상 쌓아놓는 행위 7. 죽목의 벌채 및 식재
허용사항 (허가 ☒)	1. 재해복구 또는 재난수습에 필요한 응급조치(1개월 이내에 신고 ☒) 2. 다음에 해당하는 경미한 행위 　① 농림수산물의 생산에 직접 이용되는 것으로서 국토교통부령으로 정하는 간이공작물의 설치(비닐하우스 등) 　② 경작을 위한 토지의 형질변경 　③ 도시개발구역의 개발에 지장을 주지 아니하고 자연경관을 훼손하지 아니하는 범위에서의 토석의 채취 　④ 도시개발구역에 남겨두기로 결정된 대지에서 물건을 쌓아놓는 행위 　⑤ 관상용 죽목의 임시식재(경작지에서의 임시식재는 제외)
의 제	「국토의 계획 및 이용에 관한 법률」에 따른 개발행위허가를 받은 것으로 본다.

	도시 및 주거환경정비법 ✿✿
허가권자	시장·군수 등
허가대상	1. 건축물(가설건축물을 포함)의 건축, 용도변경(대수선 ☒) 2. 공작물의 설치 : 인공을 가하여 제작한 시설물의 설치 3. 토지의 형질변경 : 토지의 형상변경, 토지의 굴착, 공유수면의 매립 4. 토석의 채취 5. 토지분할 6. 물건을 쌓아놓는 행위 : 이동이 쉽지 아니한 물건을 1개월 이상 쌓아놓는 행위 7. 죽목의 벌채 및 식재

허용사항
(허가 ☒)
	1. 재해복구 또는 재난수습에 필요한 응급조치를 위하여 하는 행위(1개월 이내에 신고 ☒)
	2. 기존 건축물의 붕괴 등 안전사고의 우려가 있는 경우 해당 건축물에 대한 안전조치를 위한 행위
	3. 다음에 해당하는 경미한 행위
	  ① 농림수산물의 생산에 직접 이용되는 것으로서 국토교통부령으로 정하는 간이공작물의 설치(비닐하우스, 탈곡장, 퇴비장)
	  ② 경작을 위한 토지의 형질변경
	  ③ 정비구역의 개발에 지장을 주지 아니하고 자연경관을 손상하지 아니하는 범위에서의 토석의 채취
	  ④ 정비구역에 존치하기로 결정된 대지에서 물건을 쌓아놓는 행위
	  ⑤ 관상용 죽목의 임시식재(경작지에서의 임시식재를 제외)

의 제	「국토의 계획 및 이용에 관한 법률」에 따른 개발행위허가를 받은 것으로 본다.

출제 예상 POINT

01. 국계법상 도시·군계획사업으로 공유수면을 매립하는 경우에는 개발행위허가를 받아야 한다. ☒

02. 국계법상 경작을 위하여 절토·성토 등의 방법으로 토지의 형상을 변경하려는 경우에는 개발행위허가를 받아야 한다. ☒

03. 도시개발법상 도시개발구역에 남겨두기로 결정된 대지에서 물건을 쌓아놓는 행위는 특별시장·광역시장·특별자치도지사·시장 또는 군수의 허가를 받아야 한다. ☒

04. 도시 및 주거환경정비법상 정비구역에서 이동이 쉽지 아니한 물건을 1개월 이상 쌓아놓는 행위는 허가를 받아야 한다. ◉

05. 도시 및 주거환경정비법상 정비구역에서 건축물의 용도변경과 죽목의 벌채와 식재는 허가를 받아야 한다. ◉

환지계획과 관리처분계획의 비교 ★★★

구 분	도시개발법상 환지계획	도시 및 주거환경정비법상 관리처분계획
인 가	행정청이 아닌 시행자가 환지계획을 작성한 경우에는 특별자치도지사·시장·군수 또는 구청장의 인가를 받아야 한다.	사업시행자는 분양신청기간이 종료된 때에는 관리처분계획을 수립하여 시장·군수 등의 인가를 받아야 한다.
내 용	① 환지설계 ② 필지별로 된 환지명세 ③ 필지별과 권리별로 된 청산대상 토지명세 ④ 체비지 또는 보류지의 명세 ⑤ 입체환지용 건축물의 명세와 입체환지에 따른 주택의 공급방법	① 분양대상자별 분양예정인 대지 또는 건축물의 추산액 ② 분양대상별 종전의 토지 또는 건축물의 명세 ③ 정비사업비의 추산액 및 그에 따른 조합원 분담규모 및 분담시기 ④ 분양대상자의 종전의 토지 또는 건축물에 관한 소유권 외의 권리명세 ⑤ 세입자별 손실보상을 위한 권리명세 및 그 평가액
특 례	① 동의 또는 신청에 의한 환지부지정 : 임차권자 등이 있는 때에는 그 동의를 받아야 한다. ② 증환지·감환지 : 시행자는 토지면적의 규모를 조정할 특별한 필요가 있으면 면적이 작은 토지는 과소 토지가 되지 아니하도록 면적을 늘려 환지를 정하거나 환지 대상에서 제외할 수 있고, 면적이 넓은 토지는 면적을 줄여서 환지를 정할 수 있다. ③ 체비지·보류지 : 시행자는 도시개발사업에 필요한 경비에 충당하거나 규약·정관·시행규정 또는 실시계획으로 정하는 목적을 위해서 보류지로 정할 수 있으며, 그중 일부를 체비지로 정하여 도시개발사업에 필요한 경비에 충당할 수 있다.	① 주택공급의 원칙 : 1세대 또는 1명이 하나 이상의 주택 또는 토지를 소유한 경우 1주택을 공급하고, 공유한 경우에는 1주택만 공급한다. ② 소유한 주택 수만큼 공급 : 다음의 어느 하나에 해당하는 토지등소유자에게는 소유한 주택의 수만큼 공급할 수 있다. ㉠ 과밀억제권역에 위치하지 아니한 재건축사업(투기과열지구 또는 조정대상지역에서 사업시행계획인가를 신청하는 경우는 제외) ㉡ 근로자 숙소, 기숙사 용도 ㉢ 국가, 지방자치단체, 토지주택공사 등 ❶ 비교정리 : 과밀억제권역 + 재건축사업(투기과열지구 또는 조정대상지역에서 사업시행계획인가를 신청하는 경우는 제외) ⇨ 3주택 이하로 공급 ③ 2주택 공급 : 종전의 가격 또는 종전 주택의 주거전용면적의 범위에서 2주택을 공급할 수 있고, 이 중 1주택은 주거전용면적을 60m² 이하로 한다. ⇨ 3년간 전매금지(상속의 경우는 제외)

부동산공법상 경미한 변경 총정리 ☆☆

국토의 계획 및 이용에 관한 법률	도시개발법	도시 및 주거환경정비법
1. 도시·군관리계획(경미한 변경) ① 도시지역의 축소에 따른 용도지역 등의 변경인 경우 ⇨ 주민의견청취 + 지방의회 의견청취 + 협의 + 심의를 생략할 수 있다. ② 국방상 또는 국가안전보장상 기밀을 지켜야 할 필요가 있는 사항(중앙행정기관의 장이 요청하는 경우만 해당) ⇨ 주민의견청취 + 협의 + 심의를 생략할 수 있다. 2. 실시계획(경미한 변경) ① 사업구역경계의 변경이 없는 범위 안에서 행하는 건축물의 연면적 10% 미만의 변경, ② 학교시설의 변경인 경우 ③ 사업구역경계의 변경이 없는 범위에서 측량결과에 따라 면적을 변경하는 경우에는 변경인가를 받지 않아도 된다. 3. 개발행위허가(경미한 변경) ① 사업기간을 단축하는 경우, ② 부지면적 및 건축물 연면적을 5% 범위 안에서 축소하는 경우에는 통지하여야 한다.	1. 조합설립인가(경미한 변경) ① 주된 사무소 소재지의 변경, ② 공고방법의 변경인 경우에는 신고하여야 한다. 2. 실시계획(경미한 변경) ① 사업시행면적의 100분의 10의 범위에서 면적의 감소, ② 사업비의 100분의 10의 범위에서 사업비의 증감의 경우에는 변경인가를 받지 않아도 된다. 3. 환지계획(경미한 변경) ① 종전 토지의 합필 또는 분필로 환지명세가 변경되는 경우, ② 환지로 지정된 토지나 건축물을 금전으로 청산하는 경우에는 변경인가를 받지 않아도 된다.	1. 기본계획(경미한 변경) ① 정비기반시설의 규모를 확대하거나 10% 미만의 범위에서 축소하는 경우, ② 계획기간을 단축하는 경우, ③ 공동이용시설, 사회복지시설 및 주민문화시설의 변경, ④ 단계별 정비사업추진계획의 변경, ⑤ 정비예정구역 면적 및 건폐율 및 용적률의 각 20% 미만의 변경 ⇨ 공람 ☒, 지방의회 의견청취 ☒, 협의 ☒, 심의 ☒, 승인 ☒ 2. 사업시행계획(경미한 변경) ① 건축물이 아닌 부대·복리시설의 설치규모를 확대하는 때(위치가 변경되는 경우를 제외한다), ② 대지면적을 10% 범위 안에서 변경하는 때, ③ 내장재료 및 외장재료를 변경하는 때, ④ 정비구역 또는 정비계획의 변경에 따라 사업시행계획서를 변경하는 때, ⑤ 조합설립 변경인가에 따라 사업시행계획서를 변경하는 때에는 시장·군수 등에게 신고하여야 한다. 3. 관리처분계획(경미한 변경) ① 계산착오·오기·누락 등에 따라 단순정정인 때(불이익을 받은 자가 없는 경우에 한함), ② 정관 및 사업시행계획인가의 변경에 따라 관리처분계획을 변경하는 때, ③ 매도청구에 대한 판결에 따라 관리처분계획을 변경하는 때, ④ 사업시행자의 변동에 따른 권리·의무의 변동이 있는 경우로서 분양설계의 변경을 수반하지 아니하는 경우, ⑤ 주택분양에 관한 권리를 포기하는 토지등소유자에 대한 임대주택의 공급에 따라 관리처분계획을 변경하는 때에는 시장·군수 등에게 신고하여야 한다.

도시개발법상 청산금	
산정기준	환지를 정하거나 그 대상에서 제외한 경우 그 과부족분은 종전의 토지 및 환지의 위치, 지목, 면적, 토질, 수리, 이용상황, 환경, 그 밖의 사항을 종합적으로 고려하여 금전으로 청산하여야 한다.
징수/지급	시행자는 환지처분이 공고된 후에 확정된 청산금을 징수하거나 교부하여야 한다. 다만, 환지를 정하지 아니하는 토지에 대하여는 환지처분 전이라도 청산금을 교부할 수 있다.
결 정	청산금은 환지처분을 하는 때에 결정하여야 한다. 다만, 환지대상에서 제외한 토지 등에 대하여는 청산금을 교부하는 때에 청산금을 결정할 수 있다.
확 정	청산금은 환지처분이 공고된 날의 다음 날에 확정된다.
강제징수/ 위탁수수료	① 행정청인 시행자는 청산금을 내야 할 자가 이를 내지 아니하면 국세 또는 지방세 체납처분의 예에 따라 징수할 수 있으며, 행정청이 아닌 시행자는 특별자치도지사, 시장, 군수 또는 구청장에게 청산금의 징수를 위탁할 수 있다. ② 행정청이 아닌 시행자는 특별자치도지사·시장·군수 또는 구청장이 징수한 금액의 100분의 4에 해당하는 금액을 지급하여야 한다.
소멸시효	청산금을 받을 권리나 징수할 권리를 5년간 행사하지 아니하면 시효로 소멸한다.
도시 및 주거환경정비법상 청산금	
산정기준	시행자는 종전에 소유하고 있던 토지 또는 건축물의 가격과 분양받은 대지 또는 건축물의 가격을 평가하는 경우 그 토지 또는 건축물의 규모·위치·용도·이용상황·정비사업비 등을 참작하여 평가하여야 한다. ℹ️ 추가: 사업시행자는 분양신청을 하지 아니한 자에 대하여는 관리처분계획이 인가·고시된 다음 날부터 90일 이내에 토지·건축물 또는 그 밖의 권리의 손실보상을 위한 협의를 하여야 한다. ⇨ 협의가 성립되지 아니하면 그 기간의 만료일 다음 날부터 60일 이내에 수용재결을 신청하거나 매도청구 소송을 제기하여야 한다.
강제징수/ 위탁수수료	① 청산금을 납부할 자가 이를 납부하지 아니하는 경우에는 시장·군수 등인 사업시행자는 지방세 체납처분의 예에 의하여 이를 징수할 수 있으며, 시장·군수 등이 아닌 사업시행자는 시장·군수 등에게 청산금의 징수를 위탁할 수 있다. ② 사업시행자는 징수한 금액의 100분의 4에 해당하는 금액을 해당 시장·군수 등에게 교부하여야 한다.
소멸시효	청산금을 지급받을 권리 또는 이를 징수할 권리는 소유권이전의 고시일 다음 날부터 5년간 이를 행사하지 아니하면 소멸한다.
물상대위	정비사업을 시행하는 지역 안에 있는 토지 또는 건축물에 저당권을 설정한 권리자는 저당권이 설정된 토지 또는 건축물의 소유자가 지급받을 청산금에 대하여 청산금을 지급하기 전에 압류절차를 거쳐 저당권을 행사할 수 있다.

THEME

19 건축허가와 사업계획승인의 비교 ☆☆☆

구 분	건축법상 건축허가	주택법상 사업계획승인
허가(승인)권자	🔒 건축허가권자 ① 원칙: 특별자치시장, 특별자치도지사, 시장, 군수, 구청장 ② 예외: 특별시장, 광역시장[층수가 21층 이상이거나 연면적 합계가 10만㎡ 이상인 건축물(공장, 창고는 제외)]	🔒 사업계획승인권자: 60일 이내 승인여부 통보 ① 대지면적이 10만㎡ 이상인 경우: 시·도지사, 대도시 시장 ② 대지면적이 10만㎡ 미만인 경우: 특별시장, 광역시장, 특별자치시장, 특별자치도지사 또는 시장·군수 ③ 사업주체가 국가 및 한국토지주택공사인 경우: 국토교통부장관 ④ 330만㎡ 이상의 규모로 택지개발사업 또는 도시개발사업을 추진하는 구역 중 국토교통부장관이 지정·고시하는 지역인 경우: 국토교통부장관 ⑤ 지역균형발전이 필요하여 국토교통부장관이 지정·고시하는 지역인 경우: 국토교통부장관 ⑥ 국가, 지방자치단체, 한국토지주택공사, 지방공사가 단독 또는 공동으로 총 지분의 50%를 초과하여 출자한 위탁관리 부동산투자회사가 공공주택건설사업을 시행하는 경우: 국토교통부장관
사전승인권자	🔒 도지사의 사전승인 ① 층수가 21층 이상이거나 연면적 합계가 10만㎡ 이상인 건축물(공장, 창고는 제외) ② 자연환경이나 수질보호를 위해서 도지사가 지정·공고한 구역 + 3층 이상 또는 연면적 합계가 1천㎡ 이상 + 공동주택, 일반음식점, 일반업무시설, 숙박시설, 위락시설 ③ 주거환경이나 교육환경을 보호하기 위해서 도지사가 지정·공고한 구역 + 위락시설, 숙박시설	해당 규정 없음

허가(승인)대상	🔒 「건축법」 적용대상에서 제외되는 건축물 ① 지정문화유산, 천연기념물, 임시지정명승, 자연유산 ② 철도의 선로부지에 있는 운전보안시설, 철도 선로의 위나 아래를 가로지르는 보행시설, 플랫폼, 급수·급탄·급유시설 ③ 고속도로 통행료 징수시설 ④ 컨테이너를 이용한 간이창고(공장용도 + 이동이 쉬운 것) ⑤ 하천구역 내의 수문조작실	🔒 사업계획승인대상 ① 단독주택 : 30호 이상(한옥의 경우는 50호 이상) ② 공동주택 : 30세대 이상 ③ 대지 : 1만㎡ 이상
허가 및 착공제한	1. 제한권자 　① 국토교통부장관 : 국토관리, 주무부장관이 국방, 국가유산의 보존, 환경보전, 국민경제를 위하여 요청하는 경우 　② 특별시장·광역시장·도지사 : 지역계획, 도시·군계획 ⇨ 국토교통부장관에게 즉시 보고 ⇨ 국토교통부장관은 제한의 내용이 지나치다고 인정하면 해제를 명할 수 있다. 2. 제한기간 : 2년 이내 ⇨ 1회에 한하여 1년의 범위에서 연장○	해당 규정 없음
착공의무	🔒 착공 의무(2년) 위반 ⇨ 건축허가를 취소하여야 한다. ① 허가를 받은 날부터 2년(공장은 3년) 이내에 착수하여야 한다. ⇨ 1년의 범위에서 착수 기간을 연장할 수 있다. ② 건축신고를 한 자가 1년 이내에 공사에 착수하지 아니하면 신고의 효력이 없어진다. ⇨ 1년의 범위에서 착수 기한을 연장할 수 있다.	🔒 착공 의무(5년) 위반 ⇨ 사업계획승인을 취소할 수 있다. ① 사업계획승인을 받은 날부터 5년 이내 공사를 시작하여야 한다. ⇨ 1년의 범위에서 착수 기간을 연장할 수 있다. ② 공구별로 분할하여 시행하는 경우 　㉠ 최초로 공사를 진행하는 공구 : 사업계획승인을 받은 날부터 5년 이내 ⇨ 1년의 범위에서 착수기간을 연장할 수 있다. 　㉡ 최초로 공사를 진행하는 공구 외의 공구 : 해당 주택단지에 대한 최초 착공신고일부터 2년 이내 ⇨ 착수하지 아니한 경우에는 취소할 수 없다.
기 타	건축허가의 거부 ⇨ 건축위원회의 심의 ① 위락시설, 숙박시설 + 주거환경이나 교육환경에 부적합 ② 상습적으로 침수되거나 침수가 우려되는 지역에 건축하는 건축물	사업계획승인의 경미한 변경(공공사업주체 + 총사업비와 면적 20%의 범위에서 증감, 위치가 변경되지 아니하는 범위에서 건축물의 배치조정 또는 도로의 선형변경) : 변경승인을 받지 않아도 된다.

🔒 착공기간 중요 포인트

① 「국토의 계획 및 이용에 관한 법률」

  ㉠ 지구단위계획구역 지정·고시 + 3년 이내에 지구단위계획(✖) ⇨ 3년이 되는 날의 다음 날 실효

  ㉡ 지구단위계획(주민이 입안을 제안한 경우에 한정) 결정·고시 + 5년 이내에 착수(✖) ⇨ 5년이 되는 날의 다음 날 실효

② **「도시개발법」**: 실시계획인가 후 2년 이내에 착수(✖) ⇨ 시행자 변경

③ **「건축법」**

  ㉠ 건축허가 + 2년(공장은 3년) 이내에 착수(✖) ⇨ 허가를 취소하여야 한다.

  ㉡ 건축신고 + 1년 이내에 착수(✖) ⇨ 신고의 효력은 없어진다.

  ㉢ 특별건축구역: 5년 이내에 착수(✖) ⇨ 특별건축구역의 지정을 해제할 수 있다.

④ **「주택법」**: 사업계획승인 + 5년 이내(최초로 공사를 진행하는 공구 외의 공구는 2년)에 착수(✖) ⇨ 취소할 수 있다(2공구는 취소할 수 없다).

⑤ **「농지법」**: 농지전용허가(신고) + 2년 이내에 착수(✖) ⇨ 농지처분의무(1년 이내)

출제 예상 ▶ POINT

01. 건축법상 국방부장관이 국방을 위하여 특히 필요하다고 인정하여 요청하면 국토교통부장관은 허가권자의 건축허가를 제한할 수 있다. ◉

02. 건축법상 교육감이 교육환경의 개선을 위하여 특히 필요하다고 인정하여 요청하면 국토교통부장관은 허가를 받은 건축물의 착공을 제한할 수 있다. ✖

03. 건축법상 숙박시설에 해당하는 건축물의 건축을 허가하는 경우 건축물의 용도·규모 또는 형태가 주거환경이나 교육환경 등 주변 환경을 고려할 때 부적합하다고 인정되면 건축위원회의 심의를 거쳐 건축허가를 하지 않을 수 있다. ◉

04. 주택법상 사업주체는 공사의 착수기간이 연장되지 않는 한 주택건설사업계획의 승인을 받은 날부터 5년 이내에 공사를 시작하여야 한다. ◎

05. 주택법상 사업주체가 주택건설대지를 사용할 수 있는 권원을 확보한 경우에는 그 대지의 소유권을 확보하지 못한 경우에도 사업계획의 승인을 받을 수 있다. ◉

06. 주택법상 사업계획승인권자는 사업주체가 경매로 인하여 대지소유권을 상실한 경우에는 그 사업계획승인을 취소하여야 한다. ✖

부동산공법상 허가제한 비교 ★★★

	국토의 계획 및 이용에 관한 법률상 개발행위허가의 제한 ★★★
제한권자	국토교통부장관, 시·도지사, 시장 또는 군수
제한기간	① 1회에 한하여 3년 이내의 기간 동안 개발행위허가를 제한할 수 있다. ② 제한대상지역 중 ③부터 ⑤에 해당하는 지역에 대하여는 1회에 한하여 2년 이내의 기간 동안 개발행위허가의 제한을 연장할 수 있다.
제한지역	① 녹지지역이나 계획관리지역으로서 수목이 집단적으로 자라고 있거나 조수류 등이 집단적으로 서식하고 있는 지역 또는 우량농지 등으로 보전할 필요가 있는 지역 ② 개발행위로 인하여 주변의 환경, 경관, 미관, 국가유산 등이 크게 오염되거나 손상될 우려가 있는 지역 ③ 도시·군기본계획이나 도시·군관리계획을 수립하고 있는 지역으로서 그 도시·군기본계획이나 도시·군관리계획이 결정될 경우 용도지역·용도지구 또는 용도구역의 변경이 예상되고 그에 따라 개발행위허가의 기준이 크게 달라질 것으로 예상되는 지역 ④ 지구단위계획구역으로 지정된 지역 ⑤ 기반시설부담구역으로 지정된 지역
제한절차	국토교통부장관, 시·도지사, 시장 또는 군수는 중앙(지방)도시계획위원회의 심의(연장 ⇨ 심의 ❌)를 거쳐 개발행위허가를 제한할 수 있다.
고 시	국토교통부장관, 시·도지사, 시장 또는 군수는 개발행위허가를 제한하려면 제한지역, 제한사유, 제한대상행위 및 제한기간을 미리 고시하여야 한다.

	건축법상 건축허가 및 착공의 제한 ★★★
제한권자/ 제한사유	① 국토교통부장관은 국토관리를 위하여 특히 필요하다고 인정하거나 주무부장관이 국방, 국가유산의 보존, 환경보전 또는 국민경제를 위하여 특히 필요하다고 인정하여 요청하면 허가권자의 건축허가나 허가를 받은 건축물의 착공을 제한할 수 있다. ② 특별시장·광역시장·도지사는 지역계획이나 도시·군계획에 특히 필요하다고 인정하면 시장·군수·구청장의 건축허가나 허가를 받은 건축물의 착공을 제한할 수 있다. 이 경우 특별시장·광역시장·도지사는 시장·군수·구청장의 건축허가나 건축물의 착공을 제한한 경우 즉시 국토교통부장관에게 보고하여야 하며, 보고를 받은 국토교통부장관은 제한의 내용이 지나치다고 인정하면 해제를 명할 수 있다.
제한기간	건축허가나 건축물의 착공을 제한하는 경우 제한기간은 2년 이내로 한다. 다만, 1회에 한하여 1년 이내의 범위에서 제한기간을 연장할 수 있다.
통보/공고	국토교통부장관, 특별시장·광역시장·도지사 ⇨ 허가권자에게 통보 ⇨ 허가권자(공고)

THEME
21 자주 출제되는 기간 ★★★

구 분	기 간	연 장
개발행위허가의 제한	1회에 한하여 3년 이내	1회에 한하여 2년 이내 연장 가능
건축허가의 제한	2년 이내	1회에 한하여 1년 이내 연장 가능
건축허가의 취소(의무)	① 2년(공장은 3년) 이내에 착수 ❌, ② 공사완료(착수)가 불가능	1년 이내 연장 가능
사업계획승인의 취소(재량)	① 승인을 받은 날부터 5년 이내에 착수 ❌, ② 2공구는 2년 이내에 착수 ❌ ⇨ 취소 ❌	1년 이내 연장 가능

⌂ 준공검사권자

해당 법규	사 업	신 청	준공검사권자
국토의 계획 및 이용에 관한 법률	도시·군계획시설사업	준공검사	시행자 ⇨ 시·도지사 또는 대도시 시장(국토교통부장관 ❌)
도시개발법	도시개발사업	준공검사(체비지는 준공검사 전이라도 사용 가능)	시행자 ⇨ 지정권자
도시 및 주거환경정비법	정비사업	준공인가	시행자 ⇨ 시장·군수 등
건축법	건축공사	사용승인	건축주 ⇨ 허가권자
주택법	주택건설사업 대지조성사업	사용검사(15일 이내)	① 원칙: 시장·군수·구청장 ② 예외: 국토교통부장관(사업주체가 국가 또는 한국토지주택공사)

출제 예상 POINT

01. 건축법상 건축허가 또는 건축물의 착공을 제한하는 경우 그 제한기간은 2년 이내로 하되, 1회에 한하여 1년 이내의 범위에서 그 기간을 연장할 수 있다. ◎

02. 건축법상 허가권자는 허가를 받은 자가 허가를 받은 날부터 착공기간 이내에 공사에 착수하였으나 공사의 완료가 불가능하다고 인정되는 경우에는 허가를 취소하여야 한다. ◎

03. 건축법상 건축주가 건축공사 완료 후 그 건축물을 사용하려면 공사감리자에게 그 건축물 전체의 사용승인을 신청하여야 한다. ❌

04. 주택법상 사업주체가 소송 진행으로 인하여 공사착수가 지연되어 연장신청을 한 경우, 사업계획승인권자는 그 분쟁이 종료된 날부터 2년의 범위에서 공사 착수기간을 연장할 수 있다. ❌

부동산공법상 가격기준		
국토의 계획 및 이용에 관한 법률	도시·군계획시설부지에서의 매수가격	「공익사업을 위한 토지 등의 취득 및 보상에 관한 법률」 준용
도시개발법	원형지 공급가격(수용방식)	감정가격 + 시행자가 설치한 기반시설 공사비 ⇨ 시행자와 원형지개발자가 협의하여 결정한다.
	조성토지 공급가격(수용방식)	① 원칙 : 조성토지 등의 가격평가는 감정가격으로 한다. ② 예외 : 학교, 폐기물처리시설, 공공청사, 사회복지시설(유료는 제외), 임대주택, 공공사업시행자가 200실 이상의 객실을 갖춘 호텔의 부지로 공급하는 호텔의 부지, 행정청이 직접 설치하는 시장·자동차정류장·종합의료시설은 감정가격 이하로 정할 수 있다. 다만, 공공사업시행자에게 임대주택용지를 공급하는 경우에는 해당 토지의 가격을 감정평가한 가격 이하로 정하여야 한다.
	환지방식	토지평가협의회의 심의를 거쳐 결정하되, 그에 앞서 감정평가법인 등이 평가하게 하여야 한다.
주택법	① 사업주체의 매도청구, ② 주택소유자의 매도청구	시가(市價)
	체비지의 우선매각	① 원칙 : 감정가격 ② 예외 : 조성원가($85m^2$ 이하의 임대주택, $60m^2$ 이하의 국민주택)
농지법	농지의 처분명령을 받은 자의 매수가격	공시지가 또는 실제거래가격(낮은 가격)
	농업진흥지역에서 농업인 또는 농업법인	감정평가법인 등이 평가한 가격

도시 및 주거환경정비법상 매도청구

매도청구	1. 사업시행자는 <u>재건축사업</u>을 시행할 때 다음에 해당하는 자의 토지 또는 건축물에 대하여 매도할 것을 청구할 수 있다.
	  ① <u>조합 설립에 동의하지 아니한 자</u>
	  ② 시장·군수 등, 토지주택공사 등 또는 신탁업자의 사업시행자 지정에 동의하지 아니한 자
	  ③ 건축물 또는 토지만 소유한 자
	2. 사업시행계획 인가의 고시가 있은 날부터 30일 이내에 회답을 촉구 ⇨ 2개월 이내에 회답(×) ⇨ 2개월 이내에 매도청구

주택법상 매도청구

조 합	리모델링 허가를 신청하기 위한 동의율을 확보한 경우 리모델링 결의를 한 <u>리모델링주택조합</u>은 그 리모델링 결의에 <u>찬성하지 아니하는</u> 자의 주택 및 토지에 대하여 <u>매도청구</u>를 할 수 있다.

사업주체의
매도청구
	1. 지구단위계획구역에서 사업계획승인을 받은 사업주체는 다음에 따라 해당 주택건설대지 중 사용할 수 있는 권원을 확보하지 못한 <u>대지(건축물을 포함)</u>의 소유자에게 그 대지를 <u>시가(市價)</u>로 매도할 것을 청구할 수 있다.
	  ① 주택건설대지면적 중 <u>95% 이상</u>에 대하여 사용권원을 확보한 경우 : 사용권원을 확보하지 못한 대지의 <u>모든 소유자</u>에게 매도청구 가능
	  ② 주택건설대지면적 중 <u>95% 미만</u>에 대하여 사용권원을 확보한 경우 : 사용권원을 확보하지 못한 대지의 소유자 중 지구단위계획구역 결정고시일 <u>10년 이전</u>에 해당하는 대지의 소유권을 취득하여 계속 보유하고 있는 자를 제외한 소유자에게 매도청구 가능
	2. 사업주체는 매도청구 대상이 되는 대지의 소유자와 매도청구를 하기 전에 <u>3개월 이상 협의</u>를 하여야 한다.

주택소유자의 매도청구	1. <u>주택(복리시설을 포함)의 소유자들</u>은 주택단지 전체 대지에 속하는 일부의 토지에 대한 <u>소유권이전등기 말소소송</u> 등에 따라 <u>사용검사(동별 사용검사를 포함)</u>를 받은 이후에 해당 토지의 소유권을 회복한 자("실소유자"라 한다)에게 해당 토지를 <u>시가(市價)</u>로 매도할 것을 청구할 수 있다. 2. 주택의 소유자들은 대표자를 선정하여 매도청구에 관한 소송을 제기할 수 있다. 이 경우 대표자는 <u>주택의 소유자 전체의 4분의 3 이상의 동의</u>를 받아 선정한다. ⇨ 매도청구에 관한 소송에 대한 판결은 주택의 소유자 전체에 대하여 효력이 있다. 3. 매도청구를 하려는 경우에는 해당 토지의 면적이 주택단지 <u>전체 대지면적의 5% 미만</u>이어야 한다. 4. 매도청구의 의사표시는 실소유자가 해당 토지 소유권을 회복한 날부터 <u>2년 이내</u>에 해당 실소유자에게 송달되어야 한다. 5. 주택의 소유자들은 매도청구로 인하여 발생한 <u>비용의 전부</u>를 사업주체에게 <u>구상(求償)</u>할 수 있다.

	국토의 계획 및 이용에 관한 법률상 도시 · 군계획시설사업의 수용 또는 사용
수용권자	1. 토지 등의 수용 또는 사용권 : 도시 · 군계획시설사업의 시행자는 도시 · 군계획시설사업에 필요한 다음의 물건 또는 권리를 수용하거나 사용할 수 있다. ① 토지 · 건축물 또는 그 토지에 정착된 물건 ② 토지 · 건축물 또는 그 토지에 정착된 물건에 관한 소유권 이외의 권리 2. 인접한 토지 등의 일시사용권 : 도시 · 군계획시설사업의 시행자는 사업시행을 위하여 특히 필요하다고 인정되면 도시 · 군계획시설에 인접한 토지 · 건축물 또는 그 토지에 정착된 물건이나 그 토지 · 건축물 또는 물건에 관한 소유권 외의 권리를 일시사용할 수 있다.
준 용	토지 등의 수용 및 사용에 관하여는 「국토의 계획 및 이용에 관한 법률」에 특별한 규정이 있는 경우 외에는 「공익사업을 위한 토지 등의 취득 및 보상에 관한 법률」을 준용한다.
특 례	1. 사업인정 및 고시의 의제 : 실시계획을 고시한 경우에는 「공익사업을 위한 토지 등의 취득 및 보상에 관한 법률」에 따른 사업인정 및 고시가 있었던 것으로 본다. 2. 재결신청기간 : 재결신청은 「공익사업을 위한 토지 등의 취득 및 보상에 관한 법률」에도 불구하고 실시계획에서 정한 사업시행기간에 하여야 한다.
	도시개발법상 도시개발사업의 수용 또는 사용
수용권자	1. 사업시행자는 도시개발사업에 필요한 토지 등을 수용하거나 사용할 수 있다. 2. 수용 · 사용에 대한 동의 : 민간사업시행자는 사업대상 토지면적의 3분의 2 이상에 해당하는 토지를 소유하고 토지소유자 총수의 2분의 1 이상에 해당하는 자의 동의를 받아야 한다. 3. 토지소유자 동의요건 산정기준일은 도시개발구역 지정 · 고시일을 기준으로 하며, 그 기준일 이후 시행자가 취득한 토지에 대하여는 동의 요건에 필요한 토지소유자 총수에 포함하고 이를 동의한 자의 수로 산정한다.
준 용	토지 등의 수용 및 사용에 관하여는 「도시개발법」에 특별한 규정이 있는 경우 외에는 「공익사업을 위한 토지 등의 취득 및 보상에 관한 법률」을 준용한다.

특 례	1. **사업인정 및 고시의 의제** : 수용 또는 사용의 대상이 되는 토지의 <u>세부목록을 고시한 경우</u>에는 <u>사업인정 및 고시가 있었던 것으로 본다</u>. 2. **재결신청기간** : 재결신청은 「공익사업을 위한 토지 등의 취득 및 보상에 관한 법률」에도 불구하고 개발계획에서 정한 시행기간 종료일까지 하여야 한다.

도시 및 주거환경정비법상 정비사업의 수용 또는 사용

수용권자	사업시행자는 정비구역 안에서 정비사업(재건축사업의 경우에는 천재지변 등 긴급하게 사업을 시행할 필요가 있는 경우에 한함)을 시행하기 위하여 필요한 경우에는 「공익사업을 위한 토지 등의 취득 및 보상에 관한 법률」에 의한 토지나 물건 또는 그 밖의 권리를 수용 또는 사용할 수 있다.
준 용	정비구역 안에서 정비사업의 시행을 위한 토지 또는 건축물의 소유권과 그 밖의 권리에 대한 수용 또는 사용에 관하여는 「도시 및 주거환경정비법」에 특별한 규정이 있는 경우를 제외하고는 「공익사업을 위한 토지 등의 취득 및 보상에 관한 법률」을 준용한다.
특 례	1. **사업인정 및 고시의 의제** : <u>사업시행계획인가의 고시가 있은 때</u>에는 「공익사업을 위한 토지 등의 취득 및 보상에 관한 법률」의 규정에 의한 <u>사업인정 및 고시가 있은 것으로 본다</u>. 2. **재결신청기간** : 재결신청은 「공익사업을 위한 토지 등의 취득 및 보상에 관한 법률」의 규정에 불구하고 사업시행인가를 할 때 정한 사업시행기간 이내에 하여야 한다. 3. **현물보상** : 대지 또는 현물보상하는 경우에는 「공익사업을 위한 토지 등의 취득 및 보상에 관한 법률」의 규정에 불구하고 준공인가 이후에도 할 수 있다.

주택법상 토지 등의 수용 또는 사용

수용권자	국가·지방자치단체·한국토지주택공사 및 지방공사인 사업주체가 국민주택을 건설하거나 국민주택을 건설하기 위한 대지를 조성하는 경우에는 토지나 토지에 정착한 물건 및 그 토지나 물건에 관한 소유권 외의 권리를 수용하거나 사용할 수 있다.
준 용	「주택법」에 따라 토지 등을 수용하거나 사용하는 경우 「주택법」에 규정된 것 외에는 「공익사업을 위한 토지 등의 취득 및 보상에 관한 법률」을 준용한다.
특 례	1. **사업계획승인 의제** : 「공익사업을 위한 토지 등의 취득 및 보상에 관한 법률」을 준용하는 경우에는 「공익사업을 위한 토지 등의 취득 및 보상에 관한 법률」에 따른 사업인정을 사업계획승인으로 본다. 2. **재결신청기간** : 재결신청은 「공익사업을 위한 토지 등의 취득 및 보상에 관한 법률」의 규정에도 불구하고 사업계획승인을 받은 주택건설사업기간 이내에 할 수 있다.

25 부동산공법상 구역의 총정리 ★★

구 분	지정권자	지정절차	해당 계획수립
광역계획권	국토교통부장관, 도지사	의견청취 + 심의	광역계획권 지정 후 3년 이내에 광역도시계획의 승인신청이 없는 경우에는 국토교통부장관, 도지사가 광역도시계획을 수립하여야 한다.
지구단위계획구역	국토교통부장관, 시·도지사, 시장·군수	도시·군관리계획	지구단위계획구역 지정 후 3년 이내에 지구단위계획을 결정·고시하지 아니하면 3년이 되는 날의 다음 날에 효력을 잃는다.
개발밀도관리구역	특별시장·광역시장·특별자치시장·특별자치도지사·시장·군수	심의	개발로 인하여 기반시설이 부족할 것이 예상되나 기반시설의 설치가 곤란한 지역을 대상으로 건폐율 또는 용적률을 강화하여 적용하기 위하여 지정하는 구역 ❶ 비교정리 : 용적률의 최대한도의 50%의 범위에서 강화하여 적용한다.
기반시설부담구역	특별시장·광역시장·특별자치시장·특별자치도지사·시장·군수	주민 의견청취 + 심의	개발밀도관리구역 외의 지역으로서 개발로 인하여 도로, 공원, 녹지 등 대통령령으로 정하는 기반시설을 설치(대학 ❌)하거나 그에 필요한 용지를 확보하기 위하여 지정·고시하는 구역
성장관리계획구역	특별시장·광역시장·특별자치시장·특별자치도지사·시장·군수	주민 및 지방의회 의견청취 + 협의 + 심의	녹지지역, 관리지역, 농림지역, 자연환경보전지역의 전부 또는 일부에 대하여 성장관리계획구역을 지정할 수 있다.
도시개발구역	① 원칙 : 시·도지사, 대도시 시장 ② 예외 : 국토교통부장관	기초조사 + 공람 또는 공청회 + 협의 + 심의	1. 도시개발구역 지정 전 개발계획수립시 　① 도시개발구역 지정 후 3년이 되는 날까지 실시계획인가를 신청하지 아니하는 경우 ⇨ 3년이 되는 날의 다음 날에 해제된 것으로 본다. 　② 공사완료공고일(환지처분공고일) ⇨ 다음 날 해제(용도지역으로 환원 ❌) 2. 도시개발구역 지정 후 개발계획수립시(면적이 330만㎡ 이상이면 5년으로 한다) 　① 도시개발구역 지정 후 2년이 되는 날까지 개발계획을 수립·고시하지 아니하는 경우 ⇨ 2년이 되는 날의 다음 날에 해제된 것으로 본다. 　② 개발계획수립·고시 후 3년이 되는 날까지 실시계획인가를 신청하지 아니하는 경우 ⇨ 3년이 되는 날의 다음 날에 해제된 것으로 본다.

정비구역	특별시장·광역시장· 특별자치시장·특별자치도지사· 시장 또는 군수	심의	특별시장·광역시장·특별자치시장·특별자치도지사·시장은 <u>10년 단위</u>로 기본계획을 수립하여 <u>5년마다 타당성 검토</u> ⇨ 국토교통부장관에게 보고 🔒 시장(대도시 시장은 제외)은 도지사 승인을 받아야 한다.
투기과열지구	국토교통부장관, 시·도지사	심의	① 직전월부터 소급하여 주택공급이 있었던 2개월 동안 해당 지역에서 공급되는 주택의 청약경쟁률이 5:1을 초과하였거나 국민주택규모 주택의 청약경쟁률이 10:1을 초과한 곳 ② 직전월의 주택분양실적이 전달보다 30% 이상 감소한 곳 ③ 해당 지역이 속하는 시·도의 주택보급률 또는 자가주택비율이 전국 평균 이하인 경우 ⓘ **비교정리**: <u>국토교통부장관은 시·도지사의 의견청취, 시·도지사는 국토교통부장관과 협의</u>
분양가상한제 적용지역	<u>국토교통부장관</u> (시·도지사 ❌)	심의	투기과열지구 중 다음의 어느 하나에 해당하는 지역에 대하여 지정할 수 있다. ① 분양가상한제적용직전월부터 소급하여 12개월간의 아파트 분양가격상승률이 물가상승률의 2배를 초과한 지역 ② 분양가상한제적용직전월부터 소급하여 3개월간의 주택매매거래량이 전년 동기 대비 20% 이상 증가한 지역 ③ 분양가상한제적용직전월부터 소급하여 주택공급이 있었던 2개월 동안 해당 지역에서 공급되는 주택의 월평균 청약경쟁률이 모두 5:1을 초과하였거나 국민주택규모 주택의 월평균 청약경쟁률이 모두 10:1을 초과한 곳

조정대상지역	국토교통부장관 (시·도지사 ✖)	심의	과열지역	직전월부터 소급하여 3개월간의 해당 지역 주택가격상승률이 해당 지역이 포함된 시·도 소비자물가상승률의 1.3배를 초과한 지역으로서 다음의 어느 하나에 해당하는 지역을 말한다. ① 조정대상지역지정직전월부터 소급하여 주택공급이 있었던 2개월 동안 해당 지역에서 공급되는 주택의 월평균 청약경쟁률이 모두 5:1을 초과하였거나 국민주택규모 주택의 월평균 청약경쟁률이 모두 10:1을 초과한 지역 ② 조정대상지역지정직전월부터 소급하여 3개월간 분양권(주택의 입주자로 선정된 지위를 말한다) 전매거래량이 직전 연도의 같은 기간보다 30% 이상 증가한 지역 ③ 해당 지역이 속하는 시·도의 주택보급률 또는 자가주택비율이 전국 평균 이하인 지역
			위축지역	직전월부터 소급하여 6개월간의 평균 주택가격상승률이 마이너스 1.0% 이하인 지역으로서 다음의 어느 하나에 해당하는 지역을 말한다. ① 조정대상지역지정직전월부터 소급하여 3개월 연속 주택매매거래량이 직전 연도의 같은 기간보다 20% 이상 감소한 지역 ② 조정대상지역지정직전월부터 소급하여 3개월간의 평균 미분양주택의 수가 직전 연도의 같은 기간보다 2배 이상인 지역 ③ 해당 지역이 속하는 시·도의 주택보급률 또는 자가주택비율이 전국 평균을 초과하는 지역
농업진흥지역	시·도지사	심의 + 승인(농림축산 식품부장관)		농업진흥구역과 농업보호구역으로 구분하여 지정 ▷ 녹지지역(특별시의 녹지지역은 제외), 관리지역, 농림지역, 자연환경보전지역에 지정 ① 농업진흥구역 : 농지가 집단화되어 농업목적으로 이용이 필요한 지역 ② 농업보호구역 : 농업진흥구역의 농업환경을 보호하기 위해 필요한 지역

THEME
26 부동산공법상 수립권자 총정리 ★★

국토의 계획 및 이용에 관한 법률	광역도시계획	수립권자	국토교통부장관, 시·도지사, 시장 또는 군수
		승인권자	국토교통부장관, 도지사
	도시·군기본계획	수립권자	특별시장·광역시장·특별자치시장·특별자치도지사·시장·군수
		승인권자	특별시장·광역시장·특별자치시장·특별자치도지사 ⇨ 국장의 승인❌, 시장·군수 ⇨ 도지사 승인 ○
	도시·군관리계획	입안권자	① 원칙: 특별시장·광역시장·특별자치시장·특별자치도지사·시장·군수 ② 예외: 국토교통부장관(국가계획과 관련된 경우, 둘 이상의 시·도에 걸쳐 지정되는 용도지역 등), 도지사(둘 이상의 시·군에 걸쳐 지정되는 용도지역 등)
		결정권자	① 원칙: 시·도지사 또는 대도시 시장(시장·군수가 입안한 지구단위계획구역과 지구단위계획은 시장·군수가 결정) ❶ 비교정리: 공간재구조화계획 결정권자 ⇨ 시·도지사(대도시 시장❌) ② 예외: 국토교통부장관(국토교통부장관이 입안, 개발제한구역, 국가계획과 연계한 시가화조정구역, 해양수산부장관(수산자원보호구역)
	지형도면	작성권자	① 원칙: 특별시장·광역시장·특별자치시장·특별자치도지사·시장·군수 ② 예외: 국토교통부장관, 도지사
		승인권자	시장(대도시 시장은 제외)·군수(지구단위계획구역과 지구단위계획은 제외) ⇨ 도지사 승인 ○
	실시계획	인가권자	국토교통부장관, 시·도지사 또는 대도시 시장 🔒 조건부 인가 ⇨ 기반시설의 설치, 위해 방지, 환경오염 방지, 경관 조성, 조경 ○
	개발행위	허가권자	특별시장·광역시장·특별자치시장·특별자치도지사·시장·군수 🔒 조건부 허가 ⇨ 기반시설의 설치, 위해 방지, 환경오염 방지, 경관 조성, 조경 ○
	개발밀도관리구역 기반시설부담구역 성장관리계획구역	지정권자	특별시장·광역시장·특별자치시장·특별자치도지사·시장·군수 ⇨ 승인❌

도시개발법	1. 도시개발구역의 지정권자
	    ① 원칙 : 시·도지사 또는 대도시 시장
	    ② 예외 : 국토교통부장관
	2. 개발계획의 수립 : 지정권자
	3. <u>환지계획 인가권자 : 특별자치도지사, 시장·군수·구청장</u>

도시 및 주거환경정비법	1. 기본계획의 수립 : 특별시장·광역시장·특별자치시장·특별자치도지사·<u>시장(군수 ❌)</u> ⇨ <u>보고 : 국토교통부장관</u> └▶ 대도시 시장이 아닌 시장은 도지사의 승인 ○ 2. 정비계획의 입안 : 시장·군수 등 ⇨ 보고 ❌ 3. 정비구역의 지정 : 특별시장·광역시장·특별자치시장·특별자치도지사 시장 또는 군수 ⇨ <u>보고 : 국토교통부장관</u> 🔒 허가, 인가권자는 모두 시장·군수 등

건축법	1. 건축허가권자
	    ① 원칙 : 특별자치시장·특별자치도지사 또는 시장·군수·구청장
	    ② 예외 : <u>특별시장·광역시장</u>
	2. <u>사전승인권자 : 도지사</u>

주택법	1. 사업계획승인권자 : 시·도지사 또는 대도시 시장, 시장·군수, <u>국토교통부장관(사업주체가 국가 또는 한국토지주택공사인 경우)</u> 2. 리모델링기본계획 수립권자 : 특별시장, 광역시장, <u>대도시 시장</u> ⇨ 도지사의 승인을 받아야 한다.
농지법	1. <u>농업진흥지역 지정권자 : 시·도지사</u> ⇨ <u>농림축산식품부장관(승인)</u> 2. <u>농지취득자격증명 발급권자 : 시장·구청장·읍장·면장</u> 🔒 농업경영계획서 보존기간 : 10년 3. 농지전용신고 : 시장·군수·구청장 4. 타용도 일시사용허가(신고) : 시장·군수·구청장

출제 예상 POINT

01. 국계법상 시장·군수가 입안한 <u>지구단위계획구역과 지구단위계획은 도지사가 결정한다.</u> ❌

02. 국계법상 국가계획과 관련되어 <u>국토교통부장관이 입안한 도시·군관리계획은 국토교통부장관이 결정한다.</u> ◉

03. 도시개발법상 행정청이 아닌 시행자가 환지계획을 작성하는 때에는 <u>특별자치도지사 또는 시·도지사의 인가를</u> 받아야 한다. ❌

04. 건축법상 <u>수질 보호를 위해 도지사가 지정·공고한 구역에 시장·군수가 3층의 관광호텔의 건축을</u> 허가하기 위해서는 도지사의 사전승인을 받아야 한다. ◉

05. 농지법상 농지소재지를 관할하는 <u>시장·군수·구청장은</u> 농지취득자격증명을 발급할 수 있다. ❌

매수청구제도 비교 ★★★

구 분	도시 · 군계획시설부지	농지의 처분	농업진흥지역
요 건	① 도시 · 군계획시설 결정 · 고시일부터 10년 이내 사업시행(☒) + ② 지목이 대(垈)인 토지(건축물 및 정착물을 포함)	시장 · 군수 · 구청장으로부터 농지의 처분명령을 받은 자	농업진흥지역의 농지를 소유하고 있는 농업인 또는 농업법인
매수의무자	① 특별시장 · 광역시장 · 특별자치시장 · 특별자치도지사 · 시장 · 군수(구청장 ☒) ② 사업시행자 ③ 설치 · 관리의무자(다른 경우에는 설치의무자에게 매수청구)	농지의 소유자 ⇨ 한국농어촌공사	농업인 또는 농업법인 ⇨ 한국농어촌공사
매수(청구)기간	① 6개월(매수 여부를 결정 · 통보) ② 2년(매수기한)	농지의 처분명령을 받은 날로부터 6개월 이내	
매수가격	「공익사업을 위한 토지 등의 취득 및 보상에 관한 법률」 준용	공시지가 기준(실제 거래가격이 낮으면 실제 거래가격)	감정가격 기준
기 타	① 매수방법 ㉠ 원칙 : 현금 ㉡ 예외 : 채권(매수의무자가 지방자치단체인 경우로서 토지소유자가 원하는 경우 또는 비업무용 토지로서 매수대금이 3천만원을 초과하는 경우 그 초과하는 금액) ㉢ 상환기간 : 10년 이내	한국농어촌공사가 농지를 매수하는 데 필요한 자금은 농지관리기금에서 융자한다.	한국농어촌공사가 농지를 매수하는 데 필요한 자금은 농지관리기금에서 이를 융자한다.

| 기 타 | ② 채권의 발행 절차 등 : 「지방재정법」으로 정한다.
③ 매수 거부 또는 지연 시 조치 : 허가를 받아 3층 이하의 단독주택, 3층 이하의 제1종 근린생활시설, 3층 이하의 제2종 근린생활시설(단란주점, 안마시술소, 노래연습장, 다중생활시설은 제외) 및 공작물을 설치할 수 있다. | | |

출제 예상 POINT

01. 국계법상 도시·군계획시설결정의 고시일로부터 10년 이내에 사업이 시행되지 아니한 토지의 소유자는 지목에 관계없이 특별시장·광역시장·특별자치시장·특별자치도지사·시장·군수에게 해당 토지의 매수를 청구할 수 있다. ⊠

02. 국계법상 매수청구된 토지의 매수가격·매수절차 등에 관하여 국토의 계획 및 이용에 관한 법률에 특별한 규정이 있는 경우 외에는 공익사업을 위한 토지 등의 취득 및 보상에 관한 법률을 준용한다. ◙

03. 국계법상 매수청구를 받은 토지가 비업무용 토지인 경우 그 대금의 전부에 대하여 도시·군계획시설채권을 발행하여 지급할 수 있다. ⊠

04. 국계법상 도시·군계획시설채권의 상환기간은 5년 이상 10년 이내로 한다. ⊠

05. 국계법상 매수청구를 받은 매수의무자가 매수하지 아니하기로 결정한 경우 매수청구자는 개발행위허가를 받아 3층의 노래연습장을 설치할 수 있다. ⊠

THEME 28 건축협정과 결합건축 ☆☆☆

구 분	건축법상 건축협정	건축법상 결합건축
지정대상지역	① 지구단위계획구역 ② 주거환경개선사업을 시행하기 위하여 지정·고시된 정비구역 ③ 「도시재정비 촉진을 위한 특별법」에 따른 존치지역 ④ 「도시재생 활성화 및 지원에 관한 특별법」에 따른 도시재생활성화지역	① 상업지역 ② 역세권개발구역 ③ 주거환경개선사업의 시행을 위한 구역 ④ 건축협정구역, 특별건축구역, 리모델링활성화구역 ⑤ 도시재생활성화지역, 건축자산진흥구역
체결요건	토지 또는 건축물의 소유자, 지상권자 등 전원의 합의로 건축물의 건축·대수선 또는 리모델링에 관한 건축협정을 체결할 수 있다.	대지 간의 최단거리가 100m 이내 + 2개의 대지의 건축주가 서로 합의한 경우 2개의 대지를 대상으로 결합건축을 할 수 있다.
2 이상에 걸치는 경우	둘 이상의 특별자치시 또는 시·군·구에 걸치는 경우 토지면적의 과반이 속하는 건축협정인가권자에게 인가를 신청할 수 있다.	결합건축 대상 대지가 둘 이상의 대지에 걸치는 경우 대상 토지면적의 과반이 속하는 허가권자에게 허가를 신청할 수 있다.
폐지	과반수 동의 + 인가를 받아야 한다.	전원의 동의 + 신고하여야 한다.
유지기간	착공신고를 한 날부터 20년이 지난 후에 폐지 인가를 신청할 수 있다.	결합건축 협정체결 유지기간은 최소 30년으로 한다.
통합 적용	건축협정구역에서 연접한 대지에 대하여는 다음의 관계 법령의 규정을 개별 건축물마다 적용하지 아니하고 건축협정구역의 전부 또는 일부를 대상으로 통합하여 적용할 수 있다. ① 대지의 조경, ② 대지와 도로의 관계, ③ 지하층의 설치, ④ 건폐율, ⑤ 부설주차장의 설치, ⑥ 개인하수처리시설의 설치	허가권자는 「국토의 계획 및 이용에 관한 법률」에 따른 도시·군계획사업에 편입된 대지가 있는 경우에는 결합건축을 포함한 건축허가를 아니할 수 있다.
완화 적용	① 대지의 조경, ② 건폐율, ③ 용적률(통합심의) ④ 대지 안의 공지 ⑤ 건축물의 높이제한, ⑥ 일조 등의 확보를 위한 높이제한	규정 없음

구 분	원형지(도시개발법)	조성토지(도시개발법)
공급대상	① 국가 또는 지방자치단체 ② 공공기관 또는 지방공사 ③ 국가, 지방자치단체 또는 공공기관인 시행자가 복합개발 등을 위하여 실시한 공모에서 선정된 자 ④ 원형지를 학교나 공장 등의 부지로 직접 사용하는 자	규정 없음
공급절차	① 시행자는 지정권자의 승인을 받아 원형지를 공급할 수 있다. ② 원형지의 면적은 도시개발구역 전체 토지면적의 3분의 1 이내로 한정한다.	지정권자가 아닌 시행자는 작성한 조성토지 등의 공급계획에 대하여 지정권자의 승인을 받아야 한다.
조건부 승인	지정권자는 승인을 할 때에는 용적률 등 개발밀도, 교통처리계획 및 기반시설 설치 등에 관한 이행조건을 붙일 수 있다.	규정 없음
매각금지	원형지 개발자(국가 또는 지방자치단체는 제외)는 10년의 범위에서 대통령령으로 정하는 기간 안에는 원형지를 매각할 수 없다.	규정 없음
선정(공급)방법	① 원칙 : 원형지개발자의 선정은 수의계약의 방법으로 한다. ② 예외 : 학교부지 또는 공장부지에 해당하는 원형지개발자의 선정은 경쟁입찰의 방식으로 하며, 경쟁입찰이 2회 이상 유찰된 경우에는 수의계약의 방법으로 할 수 있다.	① 경쟁입찰의 방법 ② 추첨의 방법(국민주택규모 이하의 주택건설용지, 공공택지, 330m² 이하의 단독주택건설용지, 공장용지) ③ 수의계약의 방법(학교용지, 공공청사용지 등 일반에게 분양할 수 없는 공공용지를 국가, 지방자치단체에게 공급하는 경우, 토지상환채권에 의하여 토지를 상환하는 경우)
공급가격	감정가격 + 기반시설 등의 공사비 ⇨ 시행자와 원형지개발자가 협의하여 결정한다.	① 원칙 : 감정가격 ② 예외 : 감정가격 이하(학교, 폐기물처리시설, 공공청사, 유료를 제외한 사회복지시설, 공공사업시행자가 200실 이상의 객실을 갖춘 호텔의 부지, 행정청이 직접 설치하는 시장·자동차정류장·종합의료시설)로 정할 수 있다.

국계법	도정법	주택법
① 개발행위허가 취소 ② 도시·군계획시설사업의 시행자 지정취소 ③ 실시계획인가의 취소	① 정비사업전문관리업의 등록취소 ② 추진위원회 승인의 취소, 조합설립인가의 취소 ③ 사업시행계획인가의 취소 ④ 관리처분계획인가의 취소 ⑤ 시공자 선정 취소 또는 과징금 부과 ⑥ 건설업자의 입찰참가 제한	① 주택건설사업 등의 등록말소 ② 주택조합의 설립인가 취소 ③ 사업계획승인의 취소 ④ 공동주택의 리모델링허가의 취소

출제 예상 POINT

01. 국계법상 시장 또는 군수가 개발행위허가를 취소하려면 청문을 하여야 한다. ◎

02. 주택법상 국토교통부장관이 공업화 주택의 인정을 취소하려면 청문을 하여야 한다. ✗

자주 출제되는
옳은 지문

01 광역도시계획 – 자주 출제되는 옳은 지문 (○)

01. 둘 이상의 특별시·광역시·특별자치시·특별자치도·시 또는 군의 공간 구조 및 기능을 상호 연계시키고 환경을 보전하며 광역시설을 체계적으로 정비하기 위하여 필요한 경우에는 광역계획권을 지정할 수 있다. 제29회

02. 국토교통부장관은 인접한 둘 이상의 특별시·광역시·특별자치시의 관할 구역 전부 또는 일부를 광역계획권으로 지정할 수 있다. 제28회

03. 광역계획권은 인접한 둘 이상의 특별시·광역시·특별자치시·특별자치도·시 또는 군의 전부 또는 일부를 대상으로 국토교통부장관 또는 도지사가 지정할 수 있다. 제27회

04. 국토교통부장관은 광역계획권을 지정하려면 관계 시·도지사, 시장 또는 군수의 의견을 들은 후 중앙도시계획위원회의 심의를 거쳐야 한다.
제28회, 제33회

05. 국가계획과 관련된 광역도시계획의 수립이 필요한 경우 광역도시계획의 수립권자는 국토교통부장관이다. 제29회

06. 광역도시계획의 수립기준은 국토교통부장관이 정한다. 제31회, 제32회

07. 도지사는 시장 또는 군수가 협의를 거쳐 요청하는 경우에는 단독으로 광역도시계획을 수립할 수 있다. 제26회, 제31회

08. 도지사가 시장 또는 군수의 요청으로 관할 시장 또는 군수와 공동으로 광역도시계획을 수립하는 경우에는 국토교통부장관의 승인을 받지 않고 광역도시계획을 수립할 수 있다. 제27회

09. 광역도시계획을 공동으로 수립하는 시·도지사는 그 내용에 관하여 서로 협의가 되지 아니하면 공동이나 단독으로 국토교통부장관에게 조정을 신청할 수 있다. 제26회, 제31회

10. 광역계획권을 지정한 날부터 3년이 지날 때까지 관할 시장 또는 군수로부터 광역도시계획의 승인 신청이 없는 경우 관할 도지사가 광역도시계획을 수립하여야 한다. 제32회

11. 국토교통부장관이 조정의 신청을 받아 광역도시계획의 내용을 조정하는 경우 중앙도시계획위원회의 심의를 거쳐야 한다. 제26회

12. 시장 또는 군수가 기초조사정보체계를 구축한 경우에는 등록된 정보의 현황을 5년마다 확인하고 변동사항을 반영하여야 한다. 제32회

13. 시·도지사, 시장 또는 군수는 광역도시계획을 변경하려면 미리 관계 시·도, 시 또는 군의회와 관계 시장 또는 군수의 의견을 들어야 한다.
제28회, 제32회

14. 중앙행정기관의 장, 시·도지사, 시장 또는 군수는 국토교통부장관이나 도지사에게 광역계획권의 변경을 요청할 수 있다. 제29회, 제33회

15. 시장 또는 군수는 광역도시계획을 수립하려면 도지사의 승인을 받아야 한다. 제28회

16. 광역도시계획의 수립을 위한 공청회는 광역계획권 단위로 개최하되, 필요한 경우에는 광역계획권을 수개의 지역으로 구분하여 개최할 수 있다.
제31회

17. 국토교통부장관, 시·도지사, 시장 또는 군수는 광역도시계획을 수립하려면 미리 공청회를 열어 주민과 관계 전문가 등으로부터 의견을 들어야 한다. 제28회, 제29회

02   도시·군기본계획 – 자주 출제되는 옳은 지문 (○)

01. 도시·군기본계획에는 기후변화 대응 및 에너지절약에 관한 사항에 대한 정책 방향이 포함되어야 한다. 제32회

02. 「수도권정비계획법」에 의한 수도권에 속하지 아니하고 광역시와 경계를 같이하지 아니하는 인구 8만 명의 시는 도시·군기본계획을 수립하지 아니할 수 있다. 제24회

03. 시장 또는 군수는 인접한 시 또는 군의 관할 구역을 포함하여 도시·군기본계획을 수립하려면 미리 그 시장 또는 군수와 협의하여야 한다. 제31회

04. 도시·군기본계획 입안일부터 5년 이내에 토지적성평가를 실시한 경우에는 토지적성평가를 하지 아니할 수 있다. 제31회

05. 시장 또는 군수는 도시·군기본계획을 수립하려면 미리 그 시 또는 군의 회의 의견을 들어야 한다. 제31회

06. 특별시장·광역시장·특별자치시장 또는 특별자치도지사는 도시·군기본계획을 변경하려면 관계 행정기관의 장(국토교통부장관을 포함)과 협의한 후 지방도시계획위원회의 심의를 거쳐야 한다. 제32회

07. 특별시장·광역시장·특별자치시장·특별자치도지사·시장 또는 군수는 5년마다 관할 구역의 도시·군기본계획에 대하여 그 타당성을 전반적으로 재검토하여 정비하여야 한다. 제27회, 제31회

08. 광역도시계획이 수립되어 있는 지역에 대하여 수립하는 도시·군기본계획은 그 광역도시계획에 부합되어야 한다. 제32회

03   도시·군관리계획 – 자주 출제되는 옳은 지문 (○)

01. 인접한 특별시·광역시·특별자치시·특별자치도·시 또는 군의 관할 구역에 대한 도시·군관리계획은 관계 특별시장·광역시장·특별자치시장·특별자치도지사·시장 또는 군수가 협의하여 공동으로 입안하거나 입안할 자를 정한다. 제32회

02. 공원·녹지·유원지 등의 공간시설의 설치에 관한 계획은 도시·군관리계획에 속한다. 제24회

03. 둘 이상의 시·도에 걸쳐 이루어지는 사업의 계획 중 도시·군관리계획으로 결정하여야 할 사항이 있는 경우 국토교통부장관이 입안한 도시·군관리계획은 국토교통부장관이 결정한다. 제29회

04. 도시·군관리계획의 입안을 제안하려는 자가 토지소유자의 동의를 받아야 하는 경우 국·공유지는 동의대상 토지면적에서 제외된다. 제30회

05. 주민은 산업·유통개발진흥지구의 지정에 관한 사항에 대하여 도시·군관리계획의 입안권자에게 도시·군관리계획의 입안을 제안할 수 있다. 제32회, 제34회

06. 도시·군관리계획의 입안을 제안받은 자는 제안자와 협의하여 제안된 도시·군관리계획의 입안 및 결정에 필요한 비용의 전부 또는 일부를 제안자에게 부담시킬 수 있다. 제30회

07. 국가계획과 관련되어 국토교통부장관이 입안한 도시·군관리계획은 국토교통부장관이 결정한다. 제24회

08. 국토교통부장관은 국가계획과 관련된 경우 직접 도시·군관리계획을 입안할 수 있다. 제32회

09. 도시·군관리계획은 광역도시계획과 도시·군기본계획에 부합되어야 한다. 제26회

10. 도시·군관리계획으로 입안하려는 지구단위계획구역이 상업지역에 위치하는 경우에는 재해취약성분석을 하지 아니할 수 있다. 제32회

11. 국가계획과 연계하여 시가화조정구역의 지정이 필요한 경우 국토교통부장관이 직접 그 지정을 도시·군관리계획으로 결정할 수 있다. 제28회

12. 시장 또는 군수가 입안한 지구단위계획구역의 지정·변경에 관한 도시·군관리계획은 시장 또는 군수가 직접 결정한다. 제31회, 제35회

13. 개발제한구역의 지정에 관한 도시·군관리계획은 국토교통부장관이 결정한다. 제31회

14. 시·도지사가 지구단위계획을 결정하려면 「건축법」에 따라 시·도에 두는 건축위원회와 도시계획위원회가 공동으로 하는 심의를 거쳐야 한다. 제31회

15. 도시지역의 축소에 따른 용도지역의 변경을 내용으로 하는 도시·군관리계획을 입안하는 경우에는 주민의 의견청취를 생략할 수 있다. 제24회

16. 국토교통부장관, 시·도지사, 시장 또는 군수는 도시·군관리계획을 조속히 입안하여야 할 필요가 있다고 인정되면 광역도시계획과 도시·군관리계획을 함께 입안할 수 있다. 제26회, 제35회

17. 도시·군관리계획 결정의 효력은 지형도면을 고시한 날부터 발생한다. 제35회

18. 특별시장은 도시·군관리계획에 대하여 5년마다 타당성 여부를 전반적으로 재검토하여 이를 정비하여야 한다. 제27회

19. 주민은 도시·군관리계획도서와 계획설명서를 첨부하여 기반시설의 설치·정비 또는 개량에 관한 사항에 대하여 도시·군관리계획을 입안할 수 있는 자에게 입안을 제안할 수 있다. 제26회, 제30회, 제34회

20. 입안의 제안을 받은 자는 제안일로부터 45일 이내에 반영 여부를 제안자에게 통보하여야 하며 1회에 한하여 30일을 연장할 수 있다. 제21회

04 용도지역 − 자주 출제되는 옳은 지문 (○)

01. 도시지역은 주거지역·상업지역·공업지역·녹지지역으로 구분된다. 제28회

02. 용도지역을 지정하거나 다시 세부 용도지역으로 나누어 지정하려면 도시·군관리계획으로 결정하여야 한다. 제26회

03. 공유수면의 매립목적이 그 매립구역과 이웃하고 있는 용도지역의 내용과 같으면 그 매립준공구역은 이와 이웃하고 있는 용도지역으로 지정된 것으로 본다. 제20회, 제35회

04. 관리지역에서 「농지법」에 따른 농업진흥지역으로 지정·고시된 지역은 농림지역으로 결정·고시된 것으로 본다. 제26회, 제35회

05. 「택지개발촉진법」에 따른 택지개발지구로 지정·고시된 지역은 「국토의 계획 및 이용에 관한 법률」에 따른 도시지역으로 결정·고시된 것으로 본다. 제33회

06. 근린상업지역에서의 용적률의 최대한도는 900%이고, 건폐율의 최대한도는 70%이다. 제27회

05 용도지구 및 용도구역 – 자주 출제되는 옳은 지문 (○)

01. 복합개발진흥지구는 주거기능, 공업기능, 유통·물류기능 및 관광·휴양기능 중 2 이상의 기능을 중심으로 개발·정비할 필요가 있는 지구를 말한다. 제34회

02. 보호지구는 역사문화환경보호지구, 중요시설물보호지구, 생태계보호지구로 세분하여 지정할 수 있다. 제30회

03. 고도지구 안에서 건축물을 신축하는 경우 도시·군관리계획으로 정하는 높이를 초과하여 건축할 수 없다. 제23회, 제29회

04. 지구단위계획 또는 관계 법률에 따른 개발계획을 수립하지 아니하는 개발진흥지구에서는 개발진흥지구의 지정목적 범위에서 해당 용도지역에서 허용되는 건축물을 건축할 수 있다. 제29회

05. 집단취락지구란 개발제한구역 안의 취락을 정비하기 위하여 필요한 지구를 말한다. 제28회, 제34회

06. 자연취락지구 안에서는 4층 이하의 방송통신시설을 건축할 수 있다. 제29회

⌂ 자연취락지구에서 건축 가능한 건축물(4층 이하)

> ① 단독주택, 제1종 근린생활시설
> ② 제2종 근린생활시설(제과점, 휴게음식점, 일반음식점, 단란주점, 안마시술소 ×)
> ③ 운동시설, 동물 및 식물관련시설
> ④ 방송통신시설, 발전시설
> ⑤ 창고(농업·임업·축산업·수산업)
> ⑥ 교정시설, 국방·군사시설

07. 자연취락지구 안에서는 4층 이하의 도축장을 건축할 수 있다. 제31회

08. 집단취락지구 안에서의 건축제한 등 행위제한에 대하여는 「개발제한구역의 지정 및 관리에 관한 특별조치법」이 정하는 바에 의한다. 제23회

09. 방재지구의 지정을 도시·군관리계획으로 결정하는 경우 도시·군관리계획의 내용에는 해당 방재지구의 재해저감대책을 포함하여야 한다. 제28회

10. 국토교통부장관은 국방과 관련하여 보안상 도시의 개발을 제한할 필요가 있는 경우 개발제한구역을 도시·군관리계획으로 결정할 수 있다. 제29회

11. 시가화유보기간은 5년 이상 20년 이내의 기간이다. 제32회

12. 시·도지사 또는 대도시 시장은 도시자연공원구역의 지정을 도시·군관리계획으로 결정할 수 있다. 제28회, 제29회

13. 공간재구조화계획 결정권자는 도시·군기본계획에 따른 도심·부도심 또는 생활권의 중심지역과 그 주변지역의 전부 또는 일부를 도시혁신구역으로 지정할 수 있다. 출제예상

14. 다른 법률에서 공간재구조화계획의 결정을 의제하고 있는 경우에도 「국토의 계획 및 이용에 관한 법률」에 따르지 아니하고 도시혁신구역의 지정과 도시혁신계획을 결정할 수 없다. 출제예상

15. 도시혁신구역으로 지정된 지역은 「건축법」 제69조에 따른 특별건축구역으로 지정된 것으로 본다. 제35회

16. 도시혁신구역에 대하여는 「주차장법」에 따른 부설주차장의 설치에 관한 규정을 도시혁신계획으로 따로 정할 수 있다. 출제예상

06 도시·군계획시설사업 − 자주 출제되는 옳은 지문 (○)

01. 도시·군계획시설은 기반시설 중 도시·군관리계획으로 결정된 시설이다.
제32회

02. 녹지는 기반시설 중 공간시설에 해당한다. 제32회

03. 방송·통신시설은 기반시설 중 유통·공급시설에 해당한다. 제32회

04. 학교는 기반시설 중 공공·문화체육시설에 해당한다. 제32회

05. 200만㎡를 초과하는 「도시개발법」에 따른 도시개발구역에서 개발사업을 시행하는 자는 공동구를 설치하여야 한다. 제32회, 제35회

06. 공동구관리자(특별시장·광역시장·특별자치시장·특별자치도지사·시장 또는 군수)는 5년마다 해당 공동구의 안전 및 유지관리계획을 수립·시행하여야 한다. 제28회

07. 공동구가 설치된 경우 가스관과 하수도관은 공동구협의회의 심의를 거쳐 공동구에 수용할 수 있다. 제28회, 제35회

08. 국가계획으로 설치하는 광역시설은 그 광역시설의 설치·관리를 사업목적 또는 사업종목으로 하여 다른 법률에 따라 설립된 법인이 설치·관리할 수 있다. 제28회, 제32회

09. 같은 도의 관할 구역에 속하는 둘 이상의 시·군에 걸쳐 시행되는 사업의 시행자를 정함에 있어 관계 시장·군수 간 협의가 성립되지 않는 경우에는 관할 도지사가 시행자를 지정한다. 제23회

10. 광역도시계획과 관련되는 경우에는 도지사가 관계 시장 또는 군수의 의견을 들어 직접 도시·군계획시설사업을 시행할 수 있다. 제23회

11. 국토교통부장관은 국가계획과 관련되거나 그 밖에 특히 필요하다고 인정되는 경우에는 관계 특별시장·광역시장·특별자치시장·특별자치도지사·시장 또는 군수의 의견을 들어 직접 도시·군계획시설사업을 시행할 수 있다. 제34회

12. 한국토지주택공사는 도시·군계획시설사업 대상 토지 소유자 동의 요건을 갖추지 않아도 도시·군계획시설사업의 시행자로 지정을 받을 수 있다.
제32회, 제34회

13. 국토교통부장관이 지정한 시행자는 도시·군계획시설사업의 실시계획에 대하여 국토교통부장관의 인가를 받아야 한다. 제21회

14. 시행자는 도시·군계획시설사업을 효율적으로 추진하기 위하여 필요하다고 인정되면 사업시행 대상지역을 둘 이상으로 분할하여 시행할 수 있다.
제28회, 제34회

15. 행정청인 시행자는 이해관계인의 주소 또는 거소(居所)가 불분명하여 서류를 송달할 수 없는 경우 그 서류의 송달을 갈음하여 그 내용을 공시할 수 있다. 제28회

16. 광역시장이 단계별 집행계획을 수립하고자 하는 때에는 미리 관계 행정기관의 장과 협의하여야 하며, 해당 지방의회의 의견을 들어야 한다. 제28회

17. 도시·군계획시설사업의 시행자는 도시·군계획시설사업에 필요한 토지나 건축물을 수용할 수 있다. 제27회

18. 도시·군계획시설사업 실시계획에는 사업의 착수예정일 및 준공예정일도 포함되어야 한다. 제32회

19. 도시·군계획시설에 대한 실시계획의 고시가 있은 때에는 「공익사업을 위한 토지 등의 취득 및 보상에 관한 법률」에 의한 사업인정 및 그 고시가 있었던 것으로 본다. 제27회

20. 도시·군관리계획 결정을 고시한 경우 사업에 필요한 국공유지는 그 도시·군관리계획으로 정해진 목적 외의 목적으로 양도할 수 없다. 제23회

21. 도시·군계획시설 부지에서 도시·군관리계획을 입안하는 경우에는 그 계획의 입안을 위한 토지적성평가를 실시하지 아니할 수 있다. 제26회

07 도시·군계획시설부지의 매수청구 – 자주 출제되는 옳은 지문 (○)

01. 매수청구를 한 토지의 소유자는 매수의무자가 매수하지 아니하기로 결정한 경우에는 개발행위허가를 받아서 공작물을 설치할 수 있다. 제26회

02. 도시·군계획시설결정의 고시일부터 20년이 지날 때까지 그 시설의 설치에 관한 도시·군계획시설사업이 시행되지 아니하는 경우, 그 도시·군계획시설결정은 그 고시일부터 20년이 되는 날의 다음 날에 효력을 잃는다. 제27회, 제30회

03. 장기미집행 도시·군계획시설의 해제를 신청 받은 도지사는 특별한 사유가 없으면 신청을 받은 날부터 1년 이내에 해당 도시·군계획시설의 해제를 위한 도시·군관리계획 결정을 하여야 한다. 제23회

04. 도지사가 시행한 도시·군계획시설사업으로 그 도에 속하지 않는 군이 현저히 이익을 받는 경우, 해당 도지사와 군수 간의 비용부담에 관한 협의가 성립되지 아니하는 때에는 행정안전부장관이 결정하는 바에 따른다. 제24회

05. 도시·군계획시설채권의 상환기간은 10년 이내로 한다. 제25회, 제26회, 제32회

06. 매수의무자가 매수하기로 결정한 토지는 매수결정을 알린 날부터 2년 이내에 매수하여야 한다. 제26회, 제32회

07. 매수청구된 토지의 매수가격·매수절차 등에 관하여「국토의 계획 및 이용에 관한 법률」에 특별한 규정이 있는 경우 외에는「공익사업을 위한 토지 등의 취득 및 보상에 관한 법률」을 준용한다. 제26회

08 지구단위계획구역과 지구단위계획 – 자주 출제되는 옳은 지문 (○)

01. 지구단위계획은 도시·군관리계획으로 결정한다. 제27회, 제32회

02. 지구단위계획은 해당 용도지역의 특성을 고려하여 수립한다. 제32회

03. 시·도지사는「도시개발법」에 따라 지정된 도시개발구역의 전부 또는 일부에 대하여 지구단위계획구역을 지정할 수 있다. 제27회

04.「택지개발촉진법」에 따라 지정된 택지개발지구에서 시행되는 사업이 끝난 후 10년이 지난 지역으로서 관계 법률에 따른 토지 이용과 건축에 관한 계획이 수립되어 있지 아니한 지역은 지구단위계획구역으로 지정하여야 한다. 제27회

05.「관광진흥법」에 따라 지정된 관광특구에 대하여 지구단위계획구역을 지정할 수 있다. 제28회, 제32회

06. 시장·군수는 개발제한구역, 도시자연공원구역, 시가화조정구역, 공원에서 해제되는 구역 중 계획적인 개발 또는 관리가 필요한 지역의 전부 또는 일부에 대하여 지구단위계획구역을 지정할 수 있다. 제25회, 제32회

07. 시장 또는 군수가 입안한 지구단위계획의 수립·변경에 관한 도시·군관리계획은 해당 시장 또는 군수가 직접 결정한다. 제25회, 제35회

08. 도시지역 외의 지역으로서 용도지구를 폐지하고 그 용도지구에서의 행위제한 등을 지구단위계획으로 대체하려는 지역은 지구단위계획구역으로 지정될 수 있다. 제25회

09. 「주택법」에 따라 대지조성사업지구로 지정된 지역의 전부에 대하여 지구단위계획구역을 지정할 수 있다. 제24회

10. 지구단위계획의 수립기준은 국토교통부장관이 정한다. 제27회

11. 계획관리지역 외의 지역에 지정된 개발진흥지구 내의 지구단위계획구역에서는 건축물의 용도·종류 및 규모 등을 완화하여 적용할 경우 아파트 및 연립주택은 허용되지 아니한다. 제29회

12. 주민은 도시·군관리계획 입안권자에게 지구단위계획의 변경에 관한 도시·군관리계획의 입안을 제안할 수 있다. 제25회

13. 도시지역 내 복합적인 토지 이용을 증진시킬 필요가 있는 지역으로서 지구단위계획구역을 지정할 수 있는 지역에 일반공업지역은 해당하지 않는다. 제34회

14. 지구단위계획(주민이 입안을 제안한 것에 한정한다)에 관한 도시·군관리계획 결정의 고시일부터 5년 이내에 「국토의 계획 및 이용에 관한 법률」 또는 다른 법률에 따라 허가·인가·승인 등을 받아 사업이나 공사에 착수하지 아니하면 그 5년이 된 날의 다음 날에 그 지구단위계획에 관한 도시·군관리계획 결정은 효력을 잃는다. 제34회

09 개발행위허가 - 자주 출제되는 옳은 지문 (○)

01. 도시·군관리계획의 시행을 위한 「도시개발법」에 따른 도시개발사업에 의해 건축물을 건축하는 경우에는 개발행위허가를 받지 않아도 된다. 제22회

02. 토지의 일부를 공공시설로 사용하기 위해 토지를 분할하는 경우에는 개발행위허가를 받지 않아도 된다. 제26회

03. 농림지역에서 물건을 1개월 이상 쌓아놓는 행위는 개발행위허가의 대상이 아니다. 제34회

04. 「사방사업법」에 따른 사방사업을 위한 개발행위에 대하여 허가를 하는 경우 중앙도시계획위원회와 지방도시계획위원회의 심의를 거치지 아니한다. 제33회, 제34회

05. 개발행위허가권자는 개발행위에 따른 기반시설의 설치 등을 할 것을 조건으로 개발행위를 허가할 수 있다. 제24회

06. 허가권자가 개발행위허가를 하면서 환경오염 방지 등의 조치를 할 것을 조건으로 붙이려는 때에는 미리 개발행위허가를 신청한 자의 의견을 들어야 한다. 제25회, 제30회

07. 자연녹지지역에서는 도시계획위원회의 심의를 통하여 개발행위허가의 기준을 강화 또는 완화하여 적용할 수 있다. 제25회

08. 건축물 건축에 대해 개발행위허가를 받은 자가 건축을 완료하고 그 건축물에 대해 「건축법」상 사용승인을 받은 경우에는 따로 준공검사를 받지 않아도 된다. 제25회

09. 허가받은 개발행위의 사업기간을 연장하려는 경우에는 변경에 대한 허가를 받아야 한다. 제23회

10. 주거지역·상업지역 및 공업지역은 성장관리계획구역의 지정대상이 아니다. 제31회 수정

11. 성장관리계획구역 내 생산녹지지역에서는 30% 이하의 범위에서 성장관리계획으로 정하는 바에 따라 건폐율을 완화하여 적용할 수 있다. 제33회, 제35회

12. 개발행위허가의 신청 내용이 성장관리계획의 내용에 어긋나는 경우에는 개발행위허가를 하여서는 아니 된다. 제25회

13. 국토교통부장관은 기반시설부담구역으로 지정된 지역으로서 도시·군관리계획상 필요하다고 인정되는 지역에 대하여 최장 5년 동안 개발행위허가를 제한할 수 있다. 제22회, 제33회, 제35회

14. 국토교통부장관이 기반시설부담구역으로 지정된 지역에 대해 개발행위허가를 제한하였다가 이를 연장하는 경우에는 중앙도시계획위원회의 심의를 거치지 않아도 된다. 제25회, 제34회

15. 개발행위허가를 받은 행정청이 기존의 공공시설에 대체되는 공공시설을 설치한 경우에는 새로 설치된 공공시설은 그 시설을 관리할 관리청에 무상으로 귀속된다. 제32회, 제33회

16. 개발행위허가를 받은 자가 행정청이 아닌 경우 개발행위허가를 받은 자가 새로 설치한 공공시설은 그 시설을 관리할 관리청에 무상으로 귀속된다. 제32회

17. 개발행위허가를 받은 행정청이 기존의 공공시설에 대체되는 공공시설을 설치한 경우에는 종래의 공공시설은 그 행정청에게 무상으로 귀속된다. 제32회

10 개발밀도관리구역과 기반시설부담구역 − 자주 출제되는 옳은 지문 (○)

01. 개발밀도관리구역에서는 해당 용도지역에 적용되는 용적률의 최대한도의 50% 범위에서 용적률을 강화하여 적용한다. 제32회, 제33회, 제34회, 제35회

02. 시장은 기반시설부담구역을 지정하면 기반시설설치계획을 수립하여야 하며, 이를 도시·군관리계획에 반영하여야 한다. 제29회, 제33회

03. 법령의 개정으로 인하여 행위제한이 완화되는 지역에 대해서는 기반시설부담구역으로 지정하여야 한다. 제27회 수정

04. 해당 지역의 전년도 개발행위허가 건수가 전전년도 개발행위허가 건수보다 20% 이상 증가한 지역은 기반시설부담구역으로 지정하여야 한다. 제24회, 제33회

05. 기반시설부담구역 내에서 「주택법」에 따른 리모델링을 하는 건축물은 기반시설설치비용의 부과대상이 아니다. 제27회

06. 기존 건축물을 철거하고 신축하는 건축행위가 기반시설설치비용의 부과대상이 되는 경우에는 기존 건축물의 건축연면적을 초과하는 건축행위만 부과대상으로 한다. 제27회, 제35회

07. 녹지와 폐기물처리 및 재활용시설은 기반시설부담구역에 설치가 필요한 기반시설에 해당한다. 제27회 수정

08. 기반시설부담구역의 지정·고시일부터 1년이 되는 날까지 광역시장이 기반시설설치계획을 수립하지 아니하면 그 1년이 되는 날의 다음 날에 기반시설부담구역의 지정은 해제된 것으로 본다. 제30회

09. 기반시설부담구역에서 기반시설설치비용의 부과대상인 건축행위는 제2조 제20호(단독주택 및 숙박시설 등 대통령령으로 정하는 시설)에 따른 시설로서 200제곱미터(기존 건축물의 연면적을 포함한다)를 초과하는 건축물의 신축·증축 행위로 한다. 제31회

10. 기반시설설치비용 산정 시 기반시설을 설치하는 데 필요한 용지비용도 산입된다. 제28회

11. 기반시설설치비용을 부과받은 납부의무자는 납부기일의 연기 또는 분할납부가 인정되지 않는 한 사용승인(준공검사 등 사용승인이 의제되는 경우에는 그 준공검사) 신청 시까지 기반시설설치비용을 내야 한다. 제28회

12. 기반시설설치비용 납부 시 물납이 인정될 수 있다. 제25회, 제28회

13. 기반시설의 관리 및 운용을 위하여 기반시설부담구역별로 특별회계가 설치되어야 한다. 제28회, 제33회

14. 지구단위계획을 수립한 경우에는 기반시설설치계획을 수립한 것으로 본다. 제30회, 제35회

15. 개발밀도관리구역은 기반시설부담구역으로 지정될 수 없다. 제35회

THEME 02 도시개발법

01 개발계획 및 도시개발구역 – 자주 출제되는 옳은 지문 (○)

01. 계획관리지역에 도시개발구역을 지정할 때에는 도시개발구역을 지정한 후에 개발계획을 수립할 수 있다. 제25회, 제30회

02. 지정권자는 도시개발사업을 환지방식으로 시행하려고 개발계획을 수립할 때에 시행자가 지방자치단체이면 토지소유자의 동의를 받을 필요가 없다. 제31회

03. 개발계획 변경 시 개발계획의 변경을 요청받기 전에 동의를 철회하는 사람이 있는 경우 그 사람은 동의자 수에서 제외한다. 제22회

04. 임대주택건설계획 등 세입자 등의 주거 및 생활안정대책은 도시개발구역을 지정한 후에 개발계획에 포함시킬 수 있다. 제26회, 제34회

05. 서울특별시와 광역시를 제외한 인구 50만 명 이상의 대도시의 시장은 도시개발구역을 지정할 수 있다. 제25회

06. 산업통상자원부장관이 10만m² 규모로 도시개발구역의 지정을 요청하는 경우에는 국토교통부장관이 도시개발구역을 지정할 수 있다. 제26회

07. 공업지역에서 도시개발구역을 지정할 수 있는 규모는 3만m² 이상이다. 제29회

08. 천재지변, 그 밖의 사유로 인하여 도시개발사업을 긴급하게 할 필요가 있는 경우에는 국토교통부장관이 도시개발구역을 지정할 수 있다. 제33회

09. 도시개발구역이 지정·고시된 날부터 3년이 되는 날까지 실시계획의 인가를 신청하지 아니하는 경우에는 3년이 되는 날의 다음 날에 도시개발구역의 지정이 해제된 것으로 본다. 제31회

10. 지정권자는 도시개발사업의 효율적 추진을 위하여 필요하다고 인정하는 경우 서로 떨어진 둘 이상의 지역을 결합하여 하나의 도시개발구역으로 지정할 수 있다. 제26회

11. 도시개발구역을 둘 이상의 사업시행지구로 분할하는 경우 분할 후 사업시행지구의 면적은 각각 1만m² 이상이어야 한다. 제26회

12. 도시·군기본계획이 수립되어 있는 지역에 대하여 개발계획을 수립하려면 개발계획의 내용이 해당 도시·군기본계획에 들어맞도록 하여야 한다. 제26회

13. 군수가 도시개발구역의 지정을 요청하려는 경우 주민이나 관계 전문가 등으로부터 의견을 들어야 한다. 제25회

02 시행자 및 실시계획 – 자주 출제되는 옳은 지문 (○)

01. 지정권자는 전부를 환지방식으로 시행하는 경우에는 도시개발구역의 토지소유자나 이들이 설립한 조합을 시행자로 지정한다. 제25회

02. 조합은 도시개발사업 전부를 환지방식으로 시행하는 경우에 도시개발사업의 시행자가 될 수 있다. 제27회, 제31회, 제35회

03. 지정권자는 시행자가 도시개발사업에 관한 실시계획의 인가를 받은 후 2년 이내에 사업을 착수하지 아니하는 경우 시행자를 변경할 수 있다. 제28회, 제29회

04. 조합을 설립하고자 하는 때에는 토지소유자 7명 이상이 정관을 작성하여 지정권자에게 조합설립인가를 받아야 한다. 제27회, 제35회

05. 금고 이상의 형을 선고받고 그 형의 집행유예기간 중에 있는 자는 조합의 임원이 될 수 없다. 제34회

06. 조합의 설립인가를 받은 조합의 대표자는 설립인가를 받은 날부터 30일 이내에 주된 사무소의 소재지에서 설립등기를 하여야 한다. 제33회

07. 조합의 감사는 의결권을 가진 조합원이어야 한다. 제24회

08. 조합장은 총회·대의원회 또는 이사회의 의장이 된다. 제24회

09. 조합의 임원으로 선임된 자가 금고 이상의 형의 선고를 받은 경우에는 그 사유가 발생한 다음 날부터 임원의 자격을 상실한다. 제25회, 제35회

10. 조합의 임원은 같은 목적의 사업을 하는 다른 조합의 임원 또는 직원을 겸할 수 없다. 제24회

11. 이사의 자기를 위한 조합과의 계약이나 소송에 관하여는 감사가 조합을 대표한다. 제24회, 제34회

12. 조합원이 정관에 따라 부과된 부과금을 체납하는 경우 조합은 특별자치도지사·시장·군수 또는 구청장에게 그 징수를 위탁할 수 있다. 제25회

13. 조합의 조합원은 도시개발구역의 토지소유자로 한다. 제33회

14. 의결권을 가진 조합원의 수가 100인인 조합은 총회의 권한을 대행하게 하기 위하여 대의원회를 둘 수 있다. 제29회, 제34회, 제35회

15. 조합장, 이사, 감사의 선임은 대의원회에서 대행할 수 없고 총회의 의결을 거쳐야 한다. 제24회

16. 사업시행자는 개발계획에 맞게 실시계획을 작성하여야 하고, 이 경우 실시계획에는 지구단위계획이 포함되어야 한다. 제23회, 제31회

17. 실시계획에는 사업시행에 필요한 설계도서, 자금계획, 시행기간, 그 밖에 대통령령으로 정하는 사항과 서류를 명시하거나 첨부하여야 한다. 제23회

18. 지정권자가 시행자가 아닌 경우 시행자는 작성된 실시계획에 관하여 지정권자의 인가를 받아야 한다. 제31회

19. 지정권자인 국토교통부장관이 실시계획을 작성하는 경우 시·도지사 또는 대도시 시장의 의견을 미리 들어야 한다. 제31회

20. 실시계획을 고시한 경우에는 지구단위계획을 포함한 도시·군관리계획으로 결정하여야 하는 사항은 도시·군관리계획이 결정되어 고시된 것으로 본다. 제23회

21. 실시계획을 인가할 때 지정권자가 해당 실시계획에 대한 「하수도법」에 따른 공공하수도 공사 시행의 허가에 관하여 관계 행정기관의 장과 협의한 때에는 해당 허가를 받은 것으로 본다. 제29회

22. 실시계획의 인가에 의해 「주택법」에 따른 사업계획의 승인은 의제될 수 있다. 제31회

03 　수용 또는 사용방식 – 자주 출제되는 옳은 지문 (○)

01. 토지소유자인 시행자는 도시개발사업에 필요한 토지 등을 수용하거나 사용하는 경우 사업 대상 토지면적의 3분의 2 이상에 해당하는 토지를 소유하고 토지소유자 총수의 2분의 1 이상에 해당하는 자의 동의를 받아야 한다. 제26회

02. 시행자는 토지소유자가 원하면 매수대금의 일부를 지급하기 위하여 사업시행으로 조성된 토지·건축물로 상환하는 토지상환채권을 발행할 수 있다. 제21회

03. 지방자치단체가 시행자인 경우 지급보증 없이 토지상환채권을 발행할 수 있다. 제30회, 제33회

04. 토지상환채권의 발행규모는 그 토지상환채권으로 상환할 토지·건축물이 해당 도시개발사업으로 조성되는 분양토지 또는 분양건축물 면적의 2분의 1을 초과하지 아니하도록 하여야 한다. 제33회

05. 원형지는 도시개발구역 안에서 도시개발사업으로 조성되지 아니한 상태의 토지를 말한다. 제23회

06. 원형지를 학교나 공장부지로 직접 사용하는 자는 원형지개발자가 될 수 있다. 제25회

07. 원형지를 공급받아 개발하는 지방공사는 원형지에 대한 공사완료 공고일부터 5년이 지난 시점이라면 해당 원형지를 매각할 수 있다. 제32회

08. 원형지를 학교용지 또는 공장부지로 직접 사용하는 자를 원형지개발자로 선정하는 경우 경쟁입찰의 방식으로 하며, 경쟁입찰이 2회 이상 유찰된 경우에는 수의계약의 방법으로 할 수 있다. 제23회, 제34회

09. 도시개발사업 시행자는 「국토의 계획 및 이용에 관한 법률」에 따른 기반시설의 원활한 설치를 위하여 필요하면 공급대상자의 자격을 제한할 수 있다. 제22회

10. 330m² 이하의 단독주택용지 및 공장용지에 대하여는 추첨의 방법으로 분양할 수 있다. 제22회

11. 폐기물처리시설, 학교, 임대주택, 행정청이 직접 설치하는 시장을 설치하기 위하여 공급하는 조성토지의 가격은 감정평가법인등이 감정평가한 가격 이하로 정할 수 있다. 제22회

04 　환지방식에 의한 사업시행 – 자주 출제되는 옳은 지문 (○)

01. 환지계획에는 필지별로 된 환지명세와 필지별과 권리별로 된 청산대상 토지명세가 포함되어야 한다. 제30회

02. 도시개발사업을 입체환지방식으로 시행하는 경우에는 환지계획에 건축계획이 포함되어야 한다. 제32회

03. 지방자치단체가 도시개발사업의 전부를 환지방식으로 시행하려고 할 때에는 도시개발사업의 시행규정을 작성하여야 한다. 제31회

04. 토지소유자의 환지제외신청이 있더라도 해당 토지에 관한 임차권자 등이 동의하지 않는 경우에는 해당 토지를 환지에서 제외할 수 없다. 제25회

05. 환지예정지가 지정되면 종전의 토지의 소유자는 환지예정지 지정의 효력 발생일부터 환지처분 공고일까지 종전의 토지를 사용할 수 없다. 제35회

06. 시행자는 도시개발사업에 필요한 경비를 충당하기 위하여 보류지 중 일부를 체비지로 정할 수 있다. 제24회

07. 군수는 「주택법」에 따른 공동주택의 건설을 촉진하기 위하여 필요하다고 인정하면 체비지 중 일부를 같은 지역에 집단으로 정하게 할 수 있다. 제24회

08. 환지계획에서 정하여진 환지는 환지처분이 공고된 날의 다음 날부터 종전의 토지로 본다. 제21회, 제29회, 제33회

09. 체비지로 정해지지 않은 보류지는 환지계획에서 정한 자가 환지처분이 공고된 날의 다음 날에 해당 소유권을 취득한다. 제28회

10. 도시개발구역의 토지에 대한 지역권은 도시개발사업의 시행으로 행사할 이익이 없어진 경우 환지처분이 공고된 날이 끝나는 때에 소멸한다. 제26회, 제30회, 제35회

11. 환지계획에서 정하여진 환지는 그 환지처분이 공고된 날의 다음 날부터 종전 토지로 본다. 제26회, 제29회, 제33회

12. 시행자는 환지방식이 적용되는 도시개발구역에 있는 조성토지 등의 가격을 평가할 때에는 토지평가협의회의 심의를 거쳐 결정하되, 그에 앞서 감정평가법인등이 평가하게 하여야 한다. 제29회

13. 행정청인 시행자가 환지계획을 정하려고 하는 경우에 해당 토지의 임차권자는 공람기간에 시행자에게 의견서를 제출할 수 있다. 제29회, 제33회

14. 시행자는 규약으로 정하는 목적을 위하여 일정한 토지를 환지로 정하지 아니하고 보류지로 정할 수 있다. 제26회

15. 시행자는 체비지의 용도로 환지예정지가 지정된 경우에는 도시개발사업에 드는 비용을 충당하기 위하여 이를 처분할 수 있다. 제26회, 제31회

16. 시행자는 환지예정지를 지정한 경우에 해당 토지를 사용하거나 수익하는 데에 장애가 될 물건이 그 토지에 있으면 그 토지의 사용 또는 수익을 시작할 날을 따로 정할 수 있다. 제32회

17. 청산금은 환지처분을 하는 때에 결정하여야 하고, 환지처분이 공고된 날의 다음 날에 확정 된다. 제25회

18. 시행자는 토지소유자의 동의에 따라 환지를 정하지 아니하는 토지에 대하여는 환지처분 전이라도 청산금을 교부할 수 있다. 제34회

19. 행정청이 아닌 시행자가 군수에게 청산금의 징수를 위탁한 경우, 그 시행자는 군수가 징수한 금액의 100분의 4에 해당하는 금액을 해당 군에 지급하여야 한다. 제34회

20. 청산금을 받을 권리나 징수할 권리를 5년간 행사하지 아니하면 시효로 소멸한다. 제34회

05 도시개발채권 및 비용부담 — 자주 출제되는 옳은 지문 (○)

01. 시·도지사가 도시개발채권을 발행하는 경우 상환방법 및 절차에 대하여 행정안전부장관의 승인을 받아야 한다. 제24회, 제29회

02. 도시개발채권의 상환은 5년부터 10년까지의 범위에서 지방자치단체의 조례로 정한다. 제28회, 제29회

03. 도시개발채권의 상환기간은 5년보다 짧게 정할 수는 없다. 제32회

04. 수용 또는 사용방식으로 시행하는 도시개발사업의 경우 한국토지주택공사와 공사도급계약을 체결하는 자는 도시개발채권을 매입하여야 한다. 제28회

05. 도시개발채권의 매입의무자가 아닌 자가 착오로 도시개발채권을 매입한 경우에는 도시개발채권을 중도에 상환할 수 있다. 제29회

06. 지정권자가 시행자가 아닌 경우 도시개발구역의 통신시설의 설치는 특별한 사유가 없으면 준공검사 신청일까지 끝내야 한다. 제31회

07. 시행자가 공동구를 설치하는 경우에는 다른 법률에 따라 그 공동구에 수용될 시설을 설치할 의무가 있는 자에게 공동구 설치에 드는 비용을 부담시킬 수 있다. 제27회

03 도시 및 주거환경정비법

01 기본계획의 수립 및 정비구역의 지정 – 자주 출제되는 옳은 지문 (○)

01. 주거환경개선사업은 도시저소득 주민이 집단 거주하는 지역으로서 정비기반시설이 극히 열악하고 노후·불량건축물이 과도하게 밀집한 지역의 주거환경을 개선하거나 단독주택 및 다세대주택이 밀집한 지역에서 정비기반시설과 공동이용시설 확충을 통하여 주거환경을 보전·정비·개량하기 위한 사업을 말한다. 제27회, 제32회

02. 재개발사업의 정비구역에 위치한 토지의 지상권자는 토지등소유자에 해당한다. 제23회, 제35회

03. 건축물이 훼손되거나 일부가 멸실되어 붕괴 그 밖의 안전사고의 우려가 있는 건축물은 노후·불량건축물에 해당한다. 제23회

04. 도지사가 대도시가 아닌 시로서 기본계획을 수립할 필요가 없다고 인정하는 시에 대하여는 기본계획을 수립하지 아니할 수 있다. 제27회, 제29회

05. 기본계획의 수립권자는 기본계획을 수립하려는 경우 14일 이상 주민에게 공람하여 의견을 들어야 한다. 제26회, 제29회, 제30회

06. 기본계획에는 사회복지시설 및 주민문화시설 등의 설치계획이 포함되어야 한다. 제29회

07. 대도시의 시장이 아닌 시장은 기본계획의 내용 중 정비사업의 계획기간을 단축하는 경우 도지사의 변경승인을 받지 아니할 수 있다. 제29회

08. 시장·군수 등은 정비예정구역별 정비계획의 수립시기가 도래한 때부터 사업시행계획인가 전까지 재건축진단을 실시하여야 한다. 제28회

09. 시장·군수 등은 재건축진단의 결과와 도시계획 및 지역여건 등을 종합적으로 검토하여 사업시행계획 인가여부를 결정하여야 한다. 제28회

10. 진입도로 등 기반시설 설치를 위하여 불가피하게 정비구역에 포함된 것으로 시장·군수 등이 인정하는 주택단지 내의 건축물은 재건축진단대상에서 제외할 수 있다. 제28회

11. 시·도지사는 필요한 경우 국토안전관리원에 재건축진단 결과의 적정성 여부에 대한 검토를 의뢰할 수 있다. 제28회

12. 정비구역에서는 「주택법」에 따른 지역주택조합의 조합원을 모집해서는 아니 된다. 제30회

13. 허가를 받아야 하는 행위로서 정비구역의 지정·고시 당시 이미 관계 법령에 따라 행위허가를 받아 공사에 착수한 자는 정비구역이 지정·고시된 날부터 30일 이내에 시장·군수등에게 신고한 후 이를 계속 시행할 수 있다. 제20회

14. 정비예정구역에 대하여 기본계획에서 정한 정비구역 지정 예정일부터 3년이 되는 날까지 구청장 등이 정비구역 지정을 신청하지 아니하는 경우 정비구역의 지정권자는 정비구역 등을 해제하여야 한다. 제24회

02 사업시행방법 및 시행자 – 자주 출제되는 옳은 지문 (○)

01. 재개발조합이 조합설립인가를 받은 날부터 3년 이내에 사업시행계획인가를 신청하지 아니한 때에는 시장·군수등은 직접 정비사업을 시행할 수 있다. 제35회

02. 조합원 100명 이하인 정비사업의 경우 조합총회에서 정관으로 정하는 바에 따라 시공자를 선정할 수 있다. 제26회

03. 조합설립추진위원회가 수행한 업무와 관련된 권리·의무는 조합이 포괄승계한다. 제18회

04. 재개발사업의 추진위원회가 조합을 설립하고자 하는 때에는 토지등소유자 4분의 3 이상 및 토지면적 2분의 1 이상의 토지소유자의 동의를 받아야 한다. 제29회, 제31회, 제35회

05. 재건축사업의 추진위원회가 조합을 설립하고자 하는 때에는 주택단지의 공동주택의 각 동별 구분소유자의 과반수 동의와 주택단지의 전체 구분소유자의 100분의 70 이상 및 토지면적의 100분의 70 이상의 토지소유자의 동의를 받아야 한다. 제31회

06. 토지등소유자의 수가 100인을 초과하는 경우, 조합에 두는 이사의 수는 5명 이상으로 한다. 제33회

07. 조합임원의 임기는 3년 이하의 범위에서 정관으로 정하되, 연임할 수 있다. 제33회

08. 조합임원은 같은 목적의 정비사업을 하는 다른 조합의 임원 또는 직원을 겸할 수 없다. 제33회

09. 재건축사업의 추진위원회가 조합을 설립하고자 하는 경우에 주택단지가 아닌 지역이 정비 구역에 포함된 때에는 주택단지가 아닌 지역 안의 토지 또는 건축물 소유자의 4분의 3 이상 및 토지면적의 3분의 2 이상의 동의를 받아야 한다. 제26회

10. 조합의 정관에는 정비구역의 위치 및 면적이 포함되어야 한다. 제30회

11. 조합원의 자격에 관한 사항에 대하여 정관을 변경하고자 하는 경우 총회에서 조합원 3분의 2 이상의 찬성으로 한다. 제25회, 제29회, 제34회

12. 토지등소유자가 20인 미만인 경우 토지등소유자는 조합을 설립하지 아니하고 재개발사업을 시행할 수 있다. 제35회

13. 대의원회는 임기 중 궐위된 조합장을 보궐선임할 수 없다. 제34회

14. 정비사업비의 변경은 대의원회가 총회의 권한을 대행할 수 없다. 제32회

15. 정비사업관리업자의 선정 및 변경은 대의원회가 총회의 권한을 대행할 수 없다. 제32회

16. 사업완료로 인한 조합의 해산에 관한 사항은 대의원회가 총회의 권한을 대행할 수 있다. 제32회

17. 정관의 기재사항 중 조합임원의 권리·의무·보수·선임방법·변경 및 해임에 관한 사항을 변경하기 위한 총회의 경우는 조합원 10분의 1 이상의 요구로 조합장이 소집한다. 제30회

18. 총회를 소집하려는 자는 총회가 개최되기 7일 전까지 회의목적·안건·일시 및 장소를 정하여 조합원에게 통지하여야 한다. 제30회

19. 주민대표회의는 토지등소유자의 과반수의 동의를 받아 구성하며, 위원장과 부위원장 각 1명과 1명 이상 3명 이하의 감사를 둔다. 제32회

03 사업시행계획 등 – 자주 출제되는 옳은 지문 (○)

01. 사업시행계획서에는 사업시행기간 동안의 정비구역 내 가로등 설치, 폐쇄회로 텔레비전 설치 등 범죄예방대책이 포함되어야 한다. 제25회

02. 사업시행계획서에는 일부 건축물의 존치 또는 리모델링에 관한 내용이 포함될 수 있다. 제25회

03. 지정개발자가 정비사업을 시행하려는 경우 사업시행계획인가를 신청하기 전에 토지등소유자 과반수 동의 및 토지면적 2분의 1 이상의 동의를 받아야 한다. 제25회

04. 시장·군수등은 사업시행계획인가를 하려는 경우 정비구역으로부터 200m 이내에 교육시설이 설치되어 있는 때에는 해당 지방자치단체의 교육감 또는 교육장과 협의하여야 한다. 제25회

05. 사업시행자가 사업시행계획인가를 받은 후 대지면적을 10%의 범위 안에서 변경하는 경우 시장·군수등에게 신고하여야 한다. 제25회

06. 사업시행자는 주거환경개선사업 및 재개발사업의 시행으로 철거되는 주택의 소유자 또는 세입자에 대하여 해당 정비구역 내·외에 소재한 임대주택 등의 시설에 임시로 거주하게 하거나 주택자금의 융자알선 등 임시거주에 상응하는 조치를 하여야 한다. 제28회

04 관리처분계획 등 – 자주 출제되는 옳은 지문 (○)

01. 사업시행자는 분양신청을 하지 아니한 토지등소유자에 대하여는 관리처분계획이 인가·고시된 다음 날부터 90일 이내에 손실보상을 위한 협의를 하여야 한다. 제21회, 제33회

02. 재해 또는 위생상 위해를 방지하기 위하여 토지의 규모를 조정할 특별한 필요가 있는 때에는 관리처분계획으로 건축물의 일부와 건축물이 있는 대지의 공유지분을 교부할 수 있다. 제22회

03. 너무 좁은 토지 또는 건축물이나 정비구역 지정 후 분할된 토지를 취득한 자에 대하여는 현금으로 청산할 수 있다. 제23회

04. 사업시행자는 정비사업의 시행으로 임대주택을 건설하는 경우 공급대상자에게 주택을 공급하고 남은 주택에 대하여 공급대상자 외의 자에게 공급할 수 있다. 제28회

05. 사업시행자는 폐공가의 밀집으로 범죄발생의 우려가 있는 경우 기존 건축물의 소유자의 동의 및 시장·군수등의 허가를 받아 해당 건축물을 철거할 수 있다. 제27회

06. 정비사업의 시행으로 조성된 대지 및 건축물은 관리처분계획에 따라 처분 또는 관리하여야 한다. 제31회

07. 사업시행자는 정비사업의 시행으로 건설된 건축물을 관리처분계획에 따라 토지등소유자에게 공급하여야 한다. 제31회

08. 환지를 공급하는 방법으로 시행하는 주거환경개선사업의 사업시행자가 정비구역에 주택을 건설하는 경우 주택의 공급 방법에 관하여 「주택법」에도 불구하고 시장·군수등의 승인을 받아 따로 정할 수 있다. 제31회

09. 사업시행자는 분양신청을 받은 후 잔여분이 있는 경우에는 사업시행계획으로 정하는 목적을 위하여 그 잔여분을 조합원 또는 토지등소유자 이외의 자에게 분양할 수 있다. 제31회

10. 지분형주택의 규모는 주거전용면적 $60m^2$ 이하인 주택으로 한정한다. 제32회

11. 분양신청기간은 20일의 범위에서 한 차례만 연장할 수 있다. 제32회

12. 조합이 재개발임대주택의 인수를 요청하는 경우 시·도지사, 시장, 군수, 구청장이 우선하여 인수하여야 한다. 제31회

13. 같은 세대에 속하지 아니하는 2명 이상이 1주택을 공유한 경우에는 1주택만 공급한다. 제23회, 제32회

14. 사업시행자의 변동에 따른 권리·의무의 변동이 있는 경우로서 분양설계의 변경을 수반하지 아니하는 경우에는 시장·군수 등에게 신고하여야 한다. 제29회

15. 근로자 숙소·기숙사 용도로 주택을 소유하고 있는 토지등소유자에게는 소유한 주택수만큼 주택을 공급할 수 있다. 제23회

16. 시장·군수는 정비구역에서 면적이 $90m^2$ 미만의 토지를 소유한 자로서 건축물을 소유하지 아니한 자의 요청이 있는 경우에는 인수한 임대주택의 일부를 「주택법」에 따른 토지임대부 분양주택으로 전환하여 공급하여야 한다. 제32회, 제34회

17. 준공인가에 따른 정비구역의 해제는 조합의 존속에 영향을 주지 아니한다. 제29회

18. 정비사업의 효율적인 추진을 위하여 필요한 경우에는 해당 정비사업에 관한 공사가 전부 완료되기 전이라도 완공된 부분은 준공인가를 받아 대지 또는 건축물별로 분양받을 자에게 소유권을 이전할 수 있다. 제31회

19. 청산금을 납부할 자가 이를 납부하지 아니하는 경우에 시장·군수등이 아닌 사업시행자는 시장·군수등에게 청산금의 징수를 위탁할 수 있다. 제26회

20. 정비사업 시행지역 내의 건축물의 저당권자는 그 건축물의 소유자가 지급받을 청산금에 대하여 청산금을 지급하기 전에 압류절차를 거쳐 저당권을 행사할 수 있다. 제21회

21. 정비구역의 국유·공유재산은 정비사업 외의 목적으로 매각되거나 양도될 수 없다. 제32회

22. 사업시행자로부터 공동구의 설치비용 부담금의 납부통지를 받은 공동구점용예정자는 공동구의 설치공사가 착수되기 전에 부담금액의 3분의 1 이상을 납부하여야 한다. 제34회

04 건축법

01 건축법 적용범위 – 자주 출제되는 옳은 지문 (○)

01. 건축물의 주요구조부란 내력벽, 기둥, 바닥, 보, 지붕틀 및 주계단을 말한다. 제24회, 제27회

02. 고층건축물이란 층수가 30층 이상이거나 높이가 120m 이상인 건축물을 말한다. 제28회

03. 숙박시설로 사용하는 바닥면적의 합계가 4,000m²인 16층의 관광호텔은 다중이용건축물에 해당한다. 제26회 수정

04. 한쪽 끝은 고정되고 다른 끝은 지지되지 아니한 구조로 된 차양이 외벽(외벽이 없는 경우에는 외곽 기둥을 말함)의 중심선으로부터 3m 이상 돌출된 건축물은 특수구조 건축물에 해당한다. 제32회

05. 대지에 정착된 컨테이너를 이용한 주택은 「건축법」의 적용을 받는 건축물에 해당한다. 제28회 수정

06. 높이 4m의 옹벽은 특별자치시장·특별자치도지사 또는 시장·군수·구청장에게 신고하고 축조하여야 하는 공작물에 해당한다. 제30회 수정

07. 지정문화유산, 플랫폼, 운전보안시설, 철도선로의 위나 아래를 가로지르는 보행시설, 철도사업용 급수, 급탄 및 급유시설, 고속도로 통행료징수시설은 「건축법」의 적용을 받지 않는다. 제28회, 제30회

08. 기존 7층의 건축물이 있는 대지에서 건축물의 층수를 9층으로 늘리는 것은 증축에 해당한다. 제25회

09. 건축물을 이전하는 것은 건축에 해당한다. 제31회

10. 내력벽을 수선하더라도 수선되는 벽면적의 합계가 30m² 미만인 경우에는 '대수선'에 포함되지 않는다. 제28회

11. 건축물의 용도를 병원에서 서점으로 변경하려면 용도변경을 신고하여야 한다. 제29회

12. 단독주택을 다가구주택으로 변경하는 경우에는 건축물대장 기재내용의 변경을 신청하지 않아도 된다. 제24회

13. 지구단위계획구역이 아닌 농림지역으로서 동이나 읍이 아닌 지역에서는 「건축법」상 대지의 분할제한에 관한 규정이 적용되지 않는다. 제22회

02 건축물의 건축 등 – 자주 출제되는 옳은 지문 (○)

01. 바닥면적이 각 80m²인 3층의 건축물을 신축하고자 하는 자는 건축허가의 신청 전에 허가권자에게 그 건축의 허용성에 대한 사전결정을 신청할 수 있다. 제25회

02. 수질을 보호하기 위하여 도지사가 지정·공고한 구역에 시장·군수가 3층의 관광호텔의 건축을 허가하기 위해서는 도지사의 사전승인을 받아야 한다. 제24회

03. 숙박시설에 해당하는 건축물의 건축을 허가하는 경우 건축물의 용도·규모 또는 형태가 주거환경이나 교육환경 등 주변 환경을 고려할 때 부적합하다고 인정되면 건축위원회의 심의를 거쳐 허가를 하지 아니할 수 있다. ^{제24회}

04. 특별시장·광역시장·도지사는 시장·군수·구청장의 건축허가나 착공을 제한한 경우 즉시 국토교통부장관에게 보고하여야 한다. ^{제24회}

05. 연면적이 180m²이고 2층인 건축물의 대수선은 건축신고의 대상이다. ^{제24회, 제29회, 제32회}

06. 연면적의 합계가 200m²인 건축물의 높이를 2m 더 높게 증축하는 경우에는 건축신고를 하면 건축허가를 받은 것으로 본다. ^{제25회}

07. 건축신고를 한 자가 신고일로부터 1년 이내에 공사에 착수하지 아니하면 그 신고의 효력은 없어진다. ^{제25회}

08. 건축물의 건축허가를 받으면 「국토의 계획 및 이용에 관한 법률」에 따른 개발행위허가를 받은 것으로 본다. ^{제25회}

09. 「건축법」상 신고하여야 하는 가설건축물의 존치기간은 3년 이내로 하며, 시장·군수·구청장은 존치기간 만료일 30일 전까지 해당 가설 건축물의 건축주에게 존치기간 만료일을 알려야 한다. ^{제28회}

10. 건축허가를 제한하는 경우 제한기간은 2년 이내로 하며, 1회에 한하여 1년의 범위에서 제한기간을 연장할 수 있다. ^{제35회}

11. 도지사가 관할 군수의 건축허가를 제한한 경우 국토교통부장관은 제한 내용이 지나치다고 인정하면 해제를 명할 수 있다. ^{제26회}

12. 특별시장이 지역계획에 특히 필요하다고 인정하면 관할 구청장의 건축허가를 제한할 수 있다. ^{제26회, 제32회}

13. 국방부장관이 국방을 위하여 특히 필요하다고 인정하여 요청하면 국토교통부장관은 허가권자의 건축허가를 제한할 수 있다. ^{제26회}

14. 국토교통부장관은 보고받은 특별시장·광역시장·도지사의 건축허가 제한 내용이 지나치다고 인정하면 해제를 명할 수 있다. ^{제23회, 제35회}

15. 연면적 270m²인 3층 건축물의 방화벽의 수선은 신고대상이다. ^{제29회}

16. 건축허가를 받은 건축의 건축주를 변경하는 경우에는 신고를 하여야 한다. ^{제23회, 제32회}

03 건축물의 대지와 도로 − 자주 출제되는 옳은 지문 (○)

01. 녹지지역에 건축하는 건축물은 조경 등의 조치를 하지 않아도 된다. ^{제35회}

02. 주거지역에 건축하는 연면적의 합계가 1천500제곱미터인 물류시설은 조경 등의 조치를 하여야 한다. ^{제35회}

03. 면적 5,000m² 미만인 대지에 건축하는 공장은 조경 등의 조치를 하지 않아도 된다. ^{제25회, 제31회, 제35회}

04. 일반주거지역, 준주거지역, 상업지역, 준공업지역에 해당하는 지역에 건축물을 건축하는 건축주는 공개공지 등을 설치하여야 한다. ^{제27회}

05. 준공업지역에 있는 바닥면적의 합계가 5천m² 이상인 여객용 운수시설은 공개공지 또는 공개공간을 설치하여야 한다. ^{제34회}

06. 공개공지 등의 설치규모는 대지면적의 100분의 10 이하의 범위에서 건축조례로 정한다. 이 경우 조경면적과 매장유산의 현지보존 조치 면적을 공개공지 등의 면적으로 할 수 있다. ^{제25회}

07. 공개공지 등을 설치하는 때에는 해당 지역에 적용하는 용적률과 건축물의 높이제한을 1.2배 이하의 범위에서 건축조례로 정하는 바에 따라 완화하여 적용한다. 제24회

08. 공장의 주변에 허가권자가 인정한 공지인 광장이 있는 경우 연면적의 합계가 1,000m² 인 공장의 대지는 도로에 2m 이상 접하지 않아도 된다. 제25회

09. 허가권자는 이해관계인이 해외에 거주하는 등의 사유로 이해관계인의 동의를 받기가 곤란하다고 인정하는 경우에는 이해관계인의 동의 없이 건축위원회의 심의를 거쳐 도로를 지정할 수 있다. 제18회

10. 지형적 조건으로 자동차 통행이 불가능하더라도 특별자치시장·특별자치도지사 또는 시장·군수·구청장이 지정·공고하는 구간 안의 너비 3m 이상인 도로는 「건축법」상의 도로로 인정된다. 제18회

11. 소요너비에 못 미치는 너비의 도로인 경우 그 중심선으로부터 소요너비의 2분의 1의 수평거리만큼 물러난 선을 건축선으로 한다. 제21회, 제34회

12. 소요너비에 못 미치는 도로로서 도로의 반대 쪽에 하천 등의 시설이 있는 경우에는 해당 하천 등이 있는 쪽 도로경계선에서 소요너비만큼 물러난 선을 건축선으로 한다. 제21회, 제34회

13. 특별자치시장·특별자치도지사 또는 시장·군수·구청장은 시가지 안에서 건축물의 위치나 환경을 정비하기 위하여 필요하다고 인정하면 도시지역에서는 4m 이하의 범위에서 건축선을 따로 지정할 수 있다. 제25회

14. 건축물과 담장은 건축선의 수직면을 넘어서는 아니 된다. 다만, 지표 아래 부분은 건축선의 수직면을 넘을 수 있다. 제25회

15. 도로면으로부터 높이 4.5m 이하에 있는 출입구·창문 그 밖에 이와 유사한 구조물은 열고 닫을 때 건축선의 수직면을 넘지 아니하는 구조로 하여야 한다. 제22회

04 건축물의 구조 및 면적산정방법 – 자주 출제되는 옳은 지문 (○)

01. 기둥과 기둥 사이의 거리가 10미터인 건축물은 내진능력을 공개하여야 한다. 제35회

02. 처마높이가 9미터인 건축물은 건축주가 착공신고 시 구조안전 확인서류를 제출하여야 한다. 제34회

03. 건폐율과 용적률의 최대한도는 「국토의 계획 및 이용에 관한 법률」에 따르되, 「건축법」에서 그 기준을 완화하거나 강화하여 적용하도록 규정한 경우에는 그에 따른다. 제23회

04. 녹지지역에서는 200m² 이상에서 지방자치단체의 조례로 정하는 면적에 못 미치게 분할할 수 없다. 제24회

05. 전용주거지역과 일반주거지역 안에서 건축하는 건축물에 대하여는 일조의 확보를 위한 높이제한이 적용된다. 제25회

06. 필로티의 부분은 그 부분이 공중의 통행이나 차량의 통행 또는 주차에 전용되는 경우와 공동주택의 경우에는 바닥면적에 산입하지 아니한다. 제21회, 제29회

07. 공동주택으로서 지상층에 설치한 전기실, 기계실, 어린이놀이터, 조경시설의 면적은 바닥면적에 산입하지 않는다. 제24회, 제29회, 제31회, 제33회

08. 용적률을 산정할 때 지하층의 면적, 지상층의 주차용(부속용도로 사용되는 것에 한함)으로 사용되는 면적, 초고층건축물의 경우에는 피난안전구역의 면적, 건축물의 경사지붕 아래에 설치하는 대피공간의 면적은 연면적에서 제외된다. 제24회, 제33회, 제34회

09. 「건축법」상 건축물의 높이제한 규정을 적용할 때, 건축물의 1층 전체에 필로티가 설치되어 있는 경우 건축물의 높이는 필로티의 층고를 제외하고 산정한다. 제31회

10. 층의 구분이 명확하지 아니한 건축물은 높이 4m마다 하나의 층으로 본다.
제21회, 제33회

11. 「도로법」에 따른 접도구역은 특별건축구역으로 지정될 수 없다. 제32회

12. 건축협정 체결대상 토지가 둘 이상의 특별자치시 또는 시·군·구에 걸치는 경우 건축협정 체결대상 토지면적의 과반이 속하는 건축협정인가권자에게 인가를 신청할 수 있다. 제27회

13. 협정체결자 또는 건축협정운영회의 대표자는 건축협정을 폐지하려는 경우 협정체결자 과반수의 동의를 받아 건축협정인가권자의 인가를 받아야 한다.
제27회

14. 건축협정에서 달리 정하지 않는 한, 건축협정이 공고된 후에 건축협정구역에 있는 토지에 관한 권리를 협정체결자로부터 이전받은 자도 건축협정에 따라야 한다. 제31회

15. 건축협정인가를 받은 건축협정구역에서 연접한 대지에 대하여는 건폐율에 관한 규정을 개별 건축물마다 적용하지 아니하고 건축협정구역의 전부 또는 일부를 대상으로 통합하여 적용할 수 있다. 제28회

16. 용적률을 초과하여 건축한 경우에는 $1m^2$의 시가표준액의 100분의 50에 해당하는 금액에 위반면적을 곱한 금액 이하의 범위에서 100분의 90을 곱한 금액으로 이행강제금을 부과한다. 제29회

17. 관계전문기술자와 해당 건축물의 건축등으로 피해를 입은 인근주민 간의 분쟁은 건축분쟁전문위원회의 조정 및 재정의 대상이 된다. 제32회

01 용어의 정의 – 자주 출제되는 옳은 지문 (○)

01. 준주택이란 주택 외의 건축물과 그 부속토지로서 주거시설로 이용 가능한 시설을 말하며 기숙사, 다중생활시설, 노인복지주택, 오피스텔이 있다. 제21회, 제31회, 제34회

02. 한국토지주택공사가 수도권에 건설한 주거전용면적이 1세대당 80제곱미터인 아파트는 국민주택에 해당한다. 제29회

03. 주택도시기금으로부터 자금을 지원받아 건설되는 1세대당 주거전용면적 84제곱미터인 주택은 '국민주택'에 해당한다. 제31회

04. 민영주택은 국민주택을 제외한 주택을 말한다. 제32회

05. 기존 14층 건축물에 수직증축형 리모델링이 허용되는 경우 2개 층까지 증축할 수 있다. 제25회, 제35회

06. 공구란 하나의 주택단지에서 둘 이상으로 구분되는 일단의 구역으로 공구별 세대수는 300세대 이상이어야 한다. 제28회

07. 도시형 생활주택이란 300세대 미만의 국민주택규모에 해당하는 주택으로서 「국토의 계획 및 이용에 관한 법률」에 따른 도시지역에 건설하는 주택을 말한다. 제23회

08. 도시형 생활주택에는 분양가상한제가 적용되지 아니한다. 제23회, 제33회

09. 하나의 건축물에는 단지형 연립주택 또는 단지형 다세대주택과 아파트형 주택을 함께 건축할 수 없다. 제35회

10. 주택단지에 해당하는 토지가 폭 8미터 이상인 도시계획예정도로로 분리된 경우, 분리된 토지를 각각 별개의 주택단지로 본다. 제34회

02 사업주체 – 자주 출제되는 옳은 지문 (○)

01. 연간 20호 이상의 단독주택 건설사업을 시행하려는 자 또는 연간 1만m² 이상의 대지조성사업을 시행하려는 자는 국토교통부장관에게 등록하여야 한다. 제26회

02. 주택건설공사를 시공할 수 있는 등록사업자가 최근 3년간 300세대 이상의 공동주택을 건설한 실적이 있는 경우에는 주택으로 쓰는 층수가 7개 층인 주택을 건설할 수 있다. 제31회

03. 고용자가 그 근로자의 주택을 건설하는 경우에는 대통령령으로 정하는 바에 따라 등록사업자와 공동으로 사업을 시행하여야 한다. 제34회

04. 국민주택을 공급받기 위하여 직장주택조합을 설립(변경, 해산)하려면 시장·군수·구청장에게 신고하여야 한다. 제25회

05. 탈퇴한 조합원은 조합규약으로 정하는 바에 따라 부담한 비용의 환급을 청구할 수 있다. 제28회

06. 조합임원의 선임을 의결하는 총회의 경우에는 조합원의 100분의 20 이상이 직접 출석하여야 한다. 제29회

07. 조합의 임원이 금고 이상의 실형을 받아 당연 퇴직을 하면 그가 퇴직 전에 관여한 행위는 그 효력을 상실하지 아니한다. 제29회

08. 지역주택조합은 그 구성원을 위하여 건설하는 주택을 그 조합원에게 우선 공급할 수 있다. 제28회

09. 사업계획승인의 과정에서 주택건설 예정 세대수가 변경되어 조합원 수가 변경된 세대수의 40퍼센트가 된 경우에는 조합원을 충원할 수 있다. 제31회

10. 지역주택조합과 직장주택조합은 설립인가를 받은 후 2년 이내에 사업계획 승인을 신청하여야 한다. 제20회, 제29회

11. 조합원의 공개모집 이후 조합원의 사망·자격 상실·탈퇴 등으로 인한 결원을 충원하거나 미달된 조합원을 재모집하는 경우에는 신고하지 아니하고 선착순의 방법으로 조합원을 모집할 수 있다. 제28회, 제29회

03 주택건설자금 및 사업계획승인 − 자주 출제되는 옳은 지문 (○)

01. 등록사업자와 한국토지주택공사는 주택상환사채를 발행할 수 있다.
제27회, 제31회

02. 주택상환사채는 기명증권으로 하고, 사채권자의 명의변경은 취득자의 성명과 주소를 사채원부에 기록하는 방법으로 한다. 제31회

03. 주택상환사채는 양도하거나 중도에 해약할 수 없으며, 상환기간은 3년을 초과할 수 없다. 제23회

04. 세대원의 질병치료로 인하여 세대원 전원이 다른 행정구역으로 이전하는 경우에는 주택상환사채를 양도하거나 중도에 해약할 수 있다. 제23회

05. 대지조성사업계획승인을 받으려는 자는 사업계획승인신청서에 조성한 대지의 공급계획서를 첨부하여 사업계획승인권자에게 제출하여야 한다. 제31회

06. 사업계획에는 부대시설 및 복리시설의 설치에 관한 계획 등이 포함되어야 한다. 제32회, 제35회

07. 한국토지주택공사가 서울특별시 A구역에서 대지면적 10만m^2에 50호의 한옥 건설사업을 시행하려는 경우 국토교통부장관으로부터 사업계획승인을 받아야 한다. 제26회

08. 사업계획승인권자는 사업계획승인의 신청을 받았을 때에는 정당한 사유가 없으면 신청받은 날부터 60일 이내에 사업주체에게 승인 여부를 통보하여야 한다. 제28회, 제30회

09. 주택조합이 승인받은 총사업비의 10%를 감액하는 사업계획을 변경하려면 변경승인을 받아야 한다. 제29회

10. 지방공사가 사업주체인 경우 건축물의 설계와 용도별 위치를 변경하지 아니하는 범위에서의 건축물의 배치 조정은 사업계획변경승인을 받지 않아도 된다. 제31회

11. 사업주체는 공사의 착수기간이 연장되지 않는 한 주택건설사업계획의 승인을 받은 날부터 5년 이내에 공사를 시작하여야 한다. 제28회

12. 사업계획승인권자는 착공신고를 받은 날부터 20일 이내에 신고수리 여부를 신고인에게 통지하여야 한다. 제32회

13. 주택건설사업을 시행하려는 자는 전체 세대수가 600세대 이상인 주택단지를 공구별로 분할하여 주택을 건설·공급할 수 있다. 제35회

14. 리모델링의 허가를 신청하기 위한 동의율을 확보한 경우 리모델링 결의를 한 리모델링주택조합은 그 리모델링 결의에 찬성하지 아니한 자의 주택 및 토지에 대하여 매도청구를 할 수 있다. 제20회

15. 주택건설사업계획의 승인을 받으려는 한국토지주택공사는 해당 주택건설대지의 소유권을 확보하지 않아도 된다. 제35회

16. 사업주체가 파산 등으로 사용검사를 받을 수 없는 경우에는 해당 주택의 시공을 보증한 자 또는 입주예정자는 사용검사를 받을 수 있다. 제24회, 제34회

17. 사용검사는 그 신청일로부터 15일 이내에 하여야 한다. 제24회, 제34회

18. 토지임대부 분양주택의 토지임대료를 보증금으로 전환하여 납부하는 경우, 그 보증금을 산정할 때 적용되는 이자율은 「은행법」에 따른 은행의 3년 만기 정기예금 평균이자율 이상이어야 한다. 제33회

04 주택의 공급 및 리모델링 − 자주 출제되는 옳은 지문 (○)

01. 지방공사가 사업주체로서 견본주택을 건설하는 경우에는 견본주택에 사용되는 마감자재 목록표와 견본주택의 각 실의 내부를 촬영한 영상물 등을 제작하여 시장·군수·구청장에게 제출하여야 한다. 제26회

02. 「관광진흥법」에 따라 지정된 관광특구에서 건설·공급하는 50층 이상이거나 높이가 150m 이상인 공동주택은 분양가상한제의 적용을 받지 않는다. 제26회, 제27회

03. 사업주체가 일반인에게 공급하는 공동주택 중 공공택지에서 공급하는 주택의 경우에는 분양가상한제가 적용된다. 제27회

04. 사업주체는 입주자모집공고 승인신청일(주택조합의 경우에는 사업계획승인신청일)부터 소유권이전등기를 신청할 수 있는 날(사업주체가 입주예정자에게 통보한 입주가능일) 이후 60일까지의 기간 동안 입주예정자의 동의 없이 저당권 설정 등의 행위를 하여서는 아니 된다. 제20회

05. 사업주체가 저당권 설정제한의 부기등기를 하는 경우, 주택건설대지에 대하여는 입주자모집공고 승인신청과 동시에 하여야 하고, 건설된 주택에 대하여는 소유권보존등기와 동시에 하여야 한다. 제19회

06. 주택의 사용검사 후 주택단지 내 일부의 토지의 소유권을 회복한 자에게 주택소유자들이 매도청구를 하려면 해당 토지의 면적이 주택단지 전체 대지면적의 5% 미만이어야 한다. 제27회, 제29회, 제30회

07. 주택의 사용검사 후 대표자를 선정하여 매도청구에 관한 소송을 하는 경우 대표자는 복리시설을 포함하여 주택의 소유자 전체의 4분의 3 이상의 동의를 받아 선정한다. 제29회, 제30회

08. 주택의 사용검사 후 매도청구의 의사표시는 실소유자가 해당 토지소유권을 회복한 날부터 2년 이내에 해당 실소유자에게 송달되어야 한다. 제29회

09. 조정대상지역으로 지정된 지역의 시장·군수·구청장은 조정대상지역으로 유지할 필요가 없다고 판단되는 경우 국토교통부장관에게 그 지정의 해제를 요청할 수 있다. 제29회

10. 국토교통부장관 또는 시·도지사는 주택공급이 있었던 2개월간 해당 지역에서 공급되는 주택의 청약경쟁률이 5대 1을 초과하였거나 국민주택규모 주택의 청약경쟁률이 10대 1을 초과한 곳을 투기과열지구로 지정할 수 있다. 제28회, 제32회

11. 국토교통부장관 또는 시·도지사는 투기과열지구지정직전월의 주택분양 실적이 전달보다 30% 이상 감소하여 주택공급이 위축될 우려가 있는 곳을 투기과열지구로 지정할 수 있다. 제32회

12. 국토교통부장관은 반기마다 주거정책심의위원회의 심의를 소집하여 주택가격 안정 여건 등을 고려하여 투기과열지구로 지정된 지역별로 투기과열지구 지정의 유지 여부를 재검토하여야 한다. 제21회 수정

13. 이혼으로 인하여 주택을 그 배우자에게 이전하는 경우에는 한국토지주택공사(사업주체가 공공주택사업자인 경우에는 공공주택사업자)의 동의를 받으면 전매제한을 적용하지 아니한다. 제24회

14. 사업주체가 전매행위가 제한되는 분양가상한제 적용주택을 공급하는 경우 그 주택의 소유권을 제3자에게 이전할 수 없음을 소유권에 관한 등기에 부기등기하여야 한다. 제25회

15. 주택을 공급받을 수 있는 조합원의 지위, 주택상환사채, 입주자저축증서, 시장·군수·구청장이 발행한 건물철거확인서, 공공사업의 시행으로 인한 이주대책에 의하여 주택을 공급받을 수 있는 지위는 양도·양수(상속·저당의 경우를 제외) 또는 이를 알선하거나 알선을 목적으로 하는 광고를 하여서는 아니 된다. 제24회

16. 입주자대표회의가 리모델링하려는 경우에는 리모델링 설계개요, 공사비, 소유자의 비용분담 명세가 적혀 있는 결의서에 주택단지 소유자 전원의 동의를 받아야 한다. 제31회

17. 공동주택의 입주자가 공동주택을 리모델링하려고 하는 경우에는 시장·군수·구청장의 허가를 받아야 한다. 제31회, 제33회

18. 증축형 리모델링을 하려는 자는 시장·군수·구청장에게 안전진단을 요청하여야 한다. 제31회, 제34회

19. 수직증축형 리모델링의 대상이 되는 기존 건축물의 층수가 12층인 경우에는 2개 층까지 증축할 수 있다. 제31회

20. 공동주택의 리모델링은 동별로 할 수 있다. 제33회

THEME
06 농지법

01 용어의 정의 및 소유제한 – 자주 출제되는 옳은 지문 (○)

01. 인삼의 재배지로 계속하여 이용되는 기간이 4년인 지목이 전(田)인 토지는 농지에 해당한다. 제27회

02. 「공간정보의 구축 및 관리 등에 관한 법률」에 따른 지목이 답(畓)이고 농작물 경작지로 실제로 이용되는 토지의 개량시설에 해당하는 양·배수시설의 부지는 농지에 해당한다. 제30회

03. 소가축 80두를 사육하면서 1년 중 150일을 축산업에 종사하는 개인은 농업인에 해당한다. 제27회

04. 꿀벌 10군을 사육하는 자는 농업인에 해당한다. 제29회

05. 3,000㎡의 농지에서 농작물을 경작하면서 1년 중 80일을 농업에 종사하는 개인은 농업인에 해당한다. 제27회

06. 농지소유자가 타인에게 일정한 보수를 지급하기로 약정하고 농작업의 일부만을 위탁하여 행하는 농업경영도 위탁경영에 해당한다. 제27회

07. 주말·체험영농을 하려고 농업진흥지역 외의 농지를 소유하는 경우에는 자기의 농업경영에 이용하지 아니할지라도 농지를 소유할 수 있다. 제21회, 제33회

08. 8년 이상 농업경영을 한 후 이농한 사람은 소유하고 있는 농지 중 1만㎡ 까지 소유할 수 있다. 제21회, 제33회

09. 농지전용허가를 받은 농지를 소유하는 경우와 주말·체험영농을 목적으로 농지를 취득하여 소유하는 경우에는 농지취득자격증명을 발급받아야 한다. 제26회, 제32회

10. 농지처분 의무기간은 처분사유가 발생한 날부터 1년 이내이다. 제25회

11. 시장·군수 또는 구청장은 처분의무기간에 처분대상 농지를 처분하지 아니한 농지소유자가 자기의 농업경영에 이용하는 경우에는 처분의무기간이 지난 날부터 3년간 처분명령을 직권으로 유예할 수 있다. 제20회

12. 농지소유자가 선거에 따른 공직취임으로 휴경하는 경우에는 소유농지를 자기의 농업경영에 이용하지 아니하더라도 농지처분의무가 면제된다. 제25회

13. 시장·군수·구청장은 농지처분명령을 받은 후 정당한 사유 없이 지정기간까지 처분명령을 이행하지 아니한 자에게 해당 농지의 토지가액의 감정가격 또는 개별공시지가 중 더 높은 가액의 100분의 25에 해당하는 이행강제금을 부과한다. 제28회

14. 선거에 따른 공직취임으로 자경할 수 없는 경우에는 농지의 소유자가 소유농지를 위탁경영할 수 있다. 제30회

15. 6개월간 미국을 여행 중인 경우에는 농지소유자가 소유농지를 위탁경영할 수 있다. 제29회

02 농지의 이용 및 보전 – 자주 출제되는 옳은 지문 (○)

01. 유휴농지의 대리경작자는 수확량의 100분의 10을 농림축산식품부령으로 정하는 바에 따라 그 농지의 소유권자나 임차권자에게 토지사용료로 지급하여야 한다. 제28회

02. 대리경작자가 경작을 게을리하는 경우에는 대리경작 기간이 끝나기 전이라도 대리경작자 지정을 해지할 수 있다. 제32회

03. 60세 이상 농업인은 자신이 거주하는 시·군에 있는 소유농지 중에서 자기의 농업경영에 이용한 기간이 5년이 넘는 농지를 임대할 수 있다. 제31회, 제34회

04. 농지를 임차한 임차인이 그 농지를 정당한 사유 없이 농업경영에 사용하지 아니할 때에는 시장·군수·구청장은 임대차의 종료를 명할 수 있다. 제31회

05. 자기의 농업경영을 위해 개인이 농지를 3년 이상 소유한 자는 주말·체험영농을 하려는 자에게 임대하는 것을 업(業)으로 하는 자에게 자신의 농지를 임대할 수 있다. 제21회

06. 「농지법」에 위반된 약정으로서 임차인에게 불리한 것은 그 효력이 없다. 제24회 수정

07. 임대 농지의 양수인은 「농지법」에 따른 임대인의 지위를 승계한 것으로 본다. 제24회

08. 국유재산과 공유재산인 농지의 임대차기간은 3년 또는 5년 미만으로 할 수 있다. 제27회

09. 임대차계약은 그 등기가 없는 경우에도 임차인이 농지소재지를 관할하는 시·구·읍·면의 장의 확인을 받고, 해당 농지를 인도(引渡)받은 경우에는 그 다음 날부터 제3자에 대하여 효력이 생긴다. 제27회, 제31회

10. 농림축산식품부장관은 효율적인 농업진흥지역관리를 위하여 매년 농업진흥지역에 대한 실태조사를 하여야 한다. 출제예상

11. 과수원인 토지를 재해로 인한 농작물의 피해를 방지하기 위한 방풍림 부지로 사용하는 것은 농지의 전용에 해당하지 않는다. 제29회

12. 농지전용허가를 받은 자가 조업의 정지명령을 위반한 경우에는 그 허가를 취소하여야 한다. 제24회

제36회 공인중개사 시험대비 **전면개정판**

2025 박문각 공인중개사
김희상 부동산공법 비교정리 암기노트

초판인쇄 | 2025. 3. 25. **초판발행** | 2025. 3. 30. **편저자** | 김희상 **발행인** | 박 용

발행처 | (주)박문각출판 **등록** | 2015년 4월 29일 제2019-000137호

주소 | 06654 서울시 서초구 효령로 283 서경 B/D 4층

팩스 | (02)584-2927 **전화** | 교재 주문·내용 문의 (02)6466-7202

저자와의
협의하에
인지생략

정가 15,000원 ISBN 979-11-7262-730-0